現代アジアの肖像 5

蔣経国と李登輝

「大陸国家」からの離陸？

若林正丈 著

岩波書店

刊行にあたって

二一世紀はアジアの時代といわれています。日本もアジアの一員として大きな可能性と役割が期待されています。しかしながら、いったい日本人はいまのアジアをどうとらえているのでしょうか？　目前の経済不況を打開する新市場、あるいは半世紀前に自壊した「アジア主義」のイメージが重ねられてはいないでしょうか。

戦後のアジアは、厳しい冷戦体制に縛られ、朝鮮戦争、ベトナム戦争などにみるように、しばしば冷戦が熱戦に転じ、日本の豊かで安定した生活とは裏腹に、貧しくとも栄誉ある孤立か、大国への従属に耐え忍ぶかの、苦渋に満ちた選択を迫られました。

この現代アジアの「創世記」ともいうべき苦難のドラマを正しく知ることによって、私たちは初めて近隣諸国との友愛と共存を構築し、「アジアの時代」を展望できるのではないでしょうか。このドラマの演出者は、解放・革命・独立の栄光を資産として、民族自決の悲願に燃える国民を総動員し、新たな国家の建設を企図したリーダーたちです。

シリーズ「現代アジアの肖像」は、近現代の東アジア・東南アジア・南アジア各国を代表する指導者に焦点をあて、禁忌とされた事実をも掘り起こし、神話化された歴史の実像に迫ります。

現代アジアは独立から開発にいたるステージをへて、いま二一世紀にむけた新たな課題と取り組んでいます。

民主と人権を求める国民の欲求にいかにこたえるか？

発展と環境保全のジレンマをどう解決するのか？

ナショナリズムの魔性を超えていかなる地域的国際的共存をはかるのか？

そして日本はいかなる役割を果たすのか？

小社は、本シリーズの刊行を通して、新世紀アジア発展の未来像を読者諸賢とともに考えてまいりたいと願っています。

岩波書店

目　次

蒋経国と李登輝

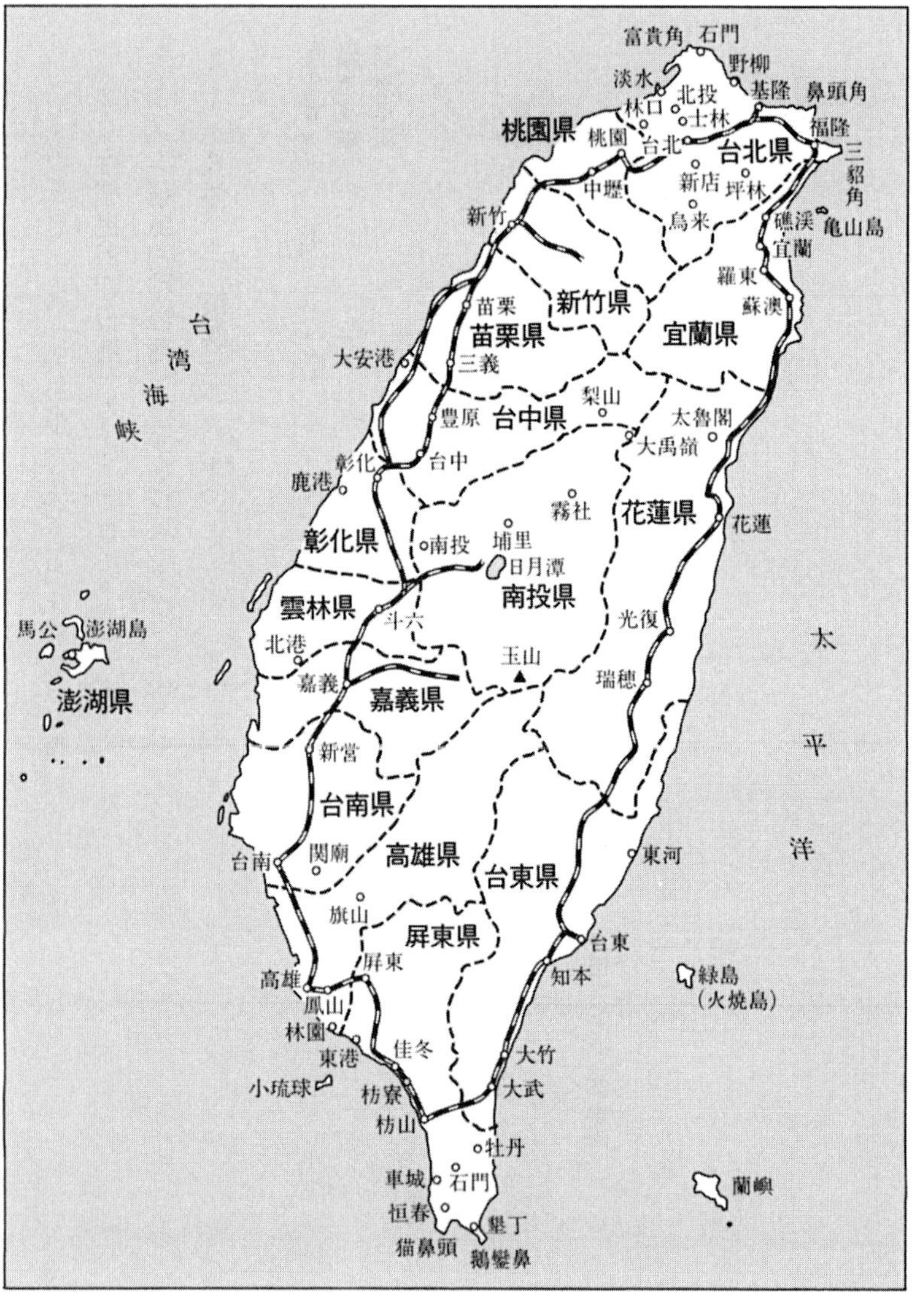
富貴角
石門
野柳
淡水
北投
基隆
鼻頭角
林口
士林
福隆
桃園県
桃園
台北
台北県
三貂角
中壢
新店
坪林
新竹
烏来
礁渓
亀山島
宜蘭
羅東
新竹県
苗栗
蘇澳
台
湾
海
峡
苗栗県
宜蘭県
大安港
三義
梨山
豊原
台中県
太魯閣
大禹嶺
彰化
台中
鹿港
霧社
花蓮県
花蓮
彰化県
南投
埔里
日月潭
南投県
雲林県
馬公
澎湖島
斗六
光復
太
北港
玉山
嘉義
瑞穂
澎湖県
嘉義県
新営
平
台南県
洋
台南
関廟
高雄県
東河
台東県
旗山
屏東県
台東
屏東
高雄
知本
緑島
（火焼島）
鳳山
林園
佳冬
東港
大竹
小琉球
枋寮
大武
枋山
牡丹
石門
車城
蘭嶼
恒春
墾丁
猫鼻頭
鵝鑾鼻

序章　場所の悲哀・場所の幸運——台湾という舞台

1　台湾をめぐるアイデンティティの政治

台湾とはいったい何なのだろうか？　昨今の台湾をめぐる政治のありさまを眺めて、このような疑問あるいは感慨を抱く人が少なくないのではないだろうか。

台湾はいったい国家なのか、国家ではないのか？　国家であるとしたら、その名前は何であるべきなのか、「中華民国」か、「台湾共和国」か？　国家でないとしたらいったい何なのか？　中国の一部か、それとも台湾は台湾、中国とは別のものであるのか？　中国の一部であるとしたら、その中国は中華人民共和国か、「中華民国」か、それとも今後に構想されるべき何らかのあたらしい「中国」(たとえば「中華連邦共和国」、「中華共和国連邦」、「中華国家連合」といったもの)か？　その「中国」のなかで台湾のステイタスはどんなものか？

今日二一〇〇万を越える台湾の住民はいったい何者なのか、台湾人か、中国人か、それとも台湾人でもあり中国人でもあるのか？　そもそも中国人とは誰か？

さらには、台湾に存在する統治機構は何なのか？「政府」か、それとも単なる「当局」なのか？　そして、台湾を実際に有効に統治しているその統治機構は国際社会でどのように扱われるべきなのか？　わが国はどんな関係を持つべきなのか？

中国と台湾の関係が緊張するとき、台湾との関係をめぐって中国と米国・日本などの関連諸国との関係が緊張するとき、そして台湾内部で異なったイデオロギーや政治利害が衝突するとき、こうした問題が、台湾の内部の政治でも、国際政治の舞台でも争われる。現代台湾をめぐっては、台湾の内外にいわば台湾をめぐるアイデンティティの政治が発生せざるをえない。

よく知られているように、台湾海峡は朝鮮半島の三八度線、かつてのヴェトナムの一七度線と並んで、アジアの分断国家の境界である。一九四五年日本の植民地支配から脱した台湾は、蔣介石の国民党政権により接収され、「中華民国」の一部(台湾省)に編入された。その後、まもなく中国大陸で毛沢東の共産党と国民党との内戦が勃発、これに敗れた蔣介石の国民党政権は一九四九年末、台湾に逃げ込んだ。蔣介石政権の運命は風前の灯にみえたが、翌年、朝鮮戦争が勃発すると直ちにアメリカが台湾海峡に介入、大量の軍事・経済援助でもってテコ入れして息を吹きかえした。

かくして、台湾は、アメリカの「中国封じ込め」のための「反共前線基地」、蔣介石の「中華民国」が毛沢東の中華人民共和国に対して「大陸反攻」を呼号する「正統中国」の「復興基地」となっていった。朝鮮戦争で本格的に東アジアに波及した東西冷戦は、台湾海峡で中国内戦と結合して分断が固定化されたのである。

以後、厳しい米中対立のもとで、台湾の「中華民国」は戦後世界の覇権国アメリカに支持されて西側主要国と外交関係を維持し、国連安保理の常任理事国の地位を保持するなど、国際社会での「正統中国」としての地位を曲がりなりに保った。しかし、一九七〇年代初めヴェトナム戦争終結をにらんでアメリカが中国と接近すると、一九七一年ついに国連のメンバーシップを失い、ついで政府参加の国際機構から次々と追われ、主要国とも次々と外交関係断絶を余儀なくされた。その国際的地位は中華人民共和国と逆転し、「中華民国」は著しい国際的孤立に陥ったのであった。

しかし、その一方で、台湾の経済は、中国の社会主義経済が毛沢東式の「自力更正」の閉鎖的発展戦略によって挫折を繰り返すのを尻目に、一九六〇年代中頃より急速な発展をとげて、韓国、香港、シンガポールとともに「アジアの四匹の竜」と称されるまでに成長し、中国のみならず経済発展の停滞に悩む社会主義圏諸国に少なからぬ衝撃を与えた。

さらに、一九八〇年代後半以降の台湾は、天安門事件で経済改革の進展に相応する政治改革の実行を挫折させた中国とは対照的に、政治体制の民主化を進展させて注目され、国際的イメージも著しく改善した。そして、民主化とともに、「台湾独立」の主張をはじめとして、台湾の独自性を主張する声、身につけた経済力と民主化の成績に見合う国際的待遇を求める声が台湾内部に日増しに強まった。一九九〇年代に入り、国連への再参加運動など国際的地位の改善を求める外交活動が活発化したのは、このためであった。こうした動きが中国の反発を呼び、ひいては一九九五年夏から九六年春にかけての台湾海峡の軍事的緊張を生んだこと、そしてこの台湾海峡における時ならぬ緊張の発生が、日米両政府による「日米安保再定義」に新たなニュアンスを付け加え、中国政府が強くこれに反発したことは、いまだ私たちの記憶に新しい。これが、いま私たちが眼にしている「台湾問題」である。

何故「台湾をめぐるアイデンティティの政治」か？　簡単明瞭な答えはない。あえて言えば、台湾という地域の歴史的来歴にこのようなアイデンティティをめぐる政治を惹起しやすいベクトルが含まれているからである、ということになろう。言い換えれば、台湾の歴史が、中華人民共和国と「中華民国」という中国近代史の中から生まれた二種類の既存の「中国」の正統争いの枠内には収まりにくいアイデンティティを台湾に与えており、それが台湾の政治に、また台湾をめぐる国際政治の構造に衝撃を与えつつあるのではないか。このアイデンティティにどのような名前がつくようになるのか、またそれがどのような国際政治の枠組みの中で安定しうるのか、まだ定かではない。だが、台湾の歴史がこのようなアイデンティティとアイデンティティをめぐる政治をもたらすベクトルを生み出していることは確かのように思われる。

さらに言えば、台湾の国際的身分のあり方が争われる背景には、台湾とはいかなる道を歩んできたのか、その来歴をどう解釈するのかという歴史的問いがあり、またその歴史が育んだ台湾の文化的属性に関する問いがある。「台湾問題」においては、台湾のアイデンティティそのものが、互いに競い合い、せめぎ合う政治的、文化的、歴史的諸力の磁場の中に置かれているのである。

この本では、蔣経国(一九一〇—八八)と李登輝(一九二三—　)という現代台湾の二人の政治指導者の閲歴をたどりながら、現代台湾の政治的来歴を素描し、現代において台湾をめぐるアイデンティティの政治が惹起される文脈を浮き彫りにしてみたい。

蔣経国と李登輝、そして蔣経国(行政院長＝首相在職、一九七二—七八。総統在職、一九七八—八八)から李登輝（副総統在職、一九八四―八八。総統在職、一九八八―　）へ。この二人は、「中華民国」と中華人民共和国の国際的地位が逆転し、台湾をめぐるアイデンティティの政治が台湾の内外にまさに顕在化した時期に台湾の政治を率いた、また現に率いている政治リーダーである。かたや現代中国の一大政治家族の「太子」、すなわち一時は全中国に号令せんとした独裁者蔣介石の嫡男、かたや、日本の支配する植民地に育った台湾人の高学歴エリート、中国大陸には戦前も戦後もまだ行ったことがない。この生い立ちも性格も、したがってまたそれぞれに歩んだ権力への道もきわめて対照的な両者の取り合わせ、そしてこの順番でリーダーシップの移動が行われたこと、これらほど現代台湾の政治的来歴のありようを雄弁に語るものはないように思われる。蔣介石の長男として中国現代史の波動を避けようもなかった「太子」蔣経国から植民地被支配民族の優等生出身者へ――いまさらながらに異質な人間への権力継承であることを思い知らされる。「中国内戦＋東西冷戦」の歴史構造のなかで進行した台湾の現代史のドラマが、それを台湾政治に強いたのである。

2　台湾という舞台

台湾は、中国大陸の東に突き出た腹の先にある大きな島である。地図に現れるその形を台湾の人はサツマイモに似ているという。中央を南北に険しい山脈が走り、その最高峰玉山は富士山よりもやや高い（三九九七メートル）。中央山脈の西側には肥沃な平原が開けるが、東側は北部の宜蘭平野を除いて山がちで、開発が遅れた。西部の台湾海峡に面した海岸には海流の関係で砂がたまりやすく、溺れ谷の地形である北部の基隆と南部の高雄のみが天然の良港である。

地域としての台湾をいう場合には台湾海峡上の澎湖諸島も含む。その面積はあわせて約三万六〇〇〇平方キロメートル、日本の九州よりやや小さく、中国の海南島やオランダよりやや大きい。現在の人口は二一〇〇万人(一九九四年現在)を超える。マレーシアよりやや多く、北朝鮮や東欧のルーマニアよりやや少ない。

中国大陸との間を隔てる台湾海峡は、長さ約四〇〇キロメートル、幅八〇—一二〇キロメートル。この距離では台湾はもう海南島のように中国大陸の沿岸島嶼であるとは言えない。台湾は中国大陸の近傍島嶼である。一方、東アジアの主な港からの距離を見ると、基隆から神戸までが一一三三キロメートル、上海までが七七六キロメートル、高雄・マニラ間が一〇一九キロメートル、香港までが五三四キロメートルである。台湾は日本、朝鮮半島から中国大陸沿岸、東南アジアにいたる西太平洋通商路のほぼ中央に位置している。

朝鮮半島がユーラシア大陸に勃興した力の北東アジアへの通路であったとすれば、台湾は、中国大陸に漲った力と西太平洋の海洋に伸長する力の交差するところに位置する。世界的に見ても、その地政学的位置のゆえに運命を翻弄された社会は史上珍しくはないが、台湾というものを考えるとき、台湾のこの位置が持つ意味が無視できない。

「台湾四〇〇年の歴史」という言い方がある。台湾が本格的に世界史に登場するのが、中国大陸からの漢族の移民が活発になりはじめる一七世紀以降だからである。「四〇〇年」と言った途端に、先住民族の存在を無視してしまいがちだという語弊——オーストロネシア語属の言語を話す先住民族は、漢族その他の文字を持つ民族の来訪のはるか以前から台湾に住んでいた——はあるが、長い歴史を持つ中国の傍らにありながら存外に歴史時代の短い島であることをこの言葉はよく示している。

台湾の歴史は、この「四〇〇年」の間の、外来の統治者の幾度かの入れ替わりと対岸中国大陸からの移民の波とその定着の歴史、そしてその反面の台湾先住民族に対する圧迫・同化の歴史によって織りなされている。

中国大陸との関係で見ると、最初に台湾に定住するようになったのは漁民であったらしい。かれらはまず台湾海峡南部の台湾島よりに位置する澎湖島に定着した。澎湖島には元代になると巡検使という役所も置かれるようになり、明代にはごく少数定住する者も出はじめた。

それでも中国大陸政権の手は、まだ台湾本島にはとどかない。中国の史書にある「夷州」「琉求」などが台湾を指すという説もある。だが、それが正しいとしても、記述されているのは、呉の孫権や隋の煬帝が武将を派遣して幾ばくかの先住民族を連れ帰ったといった、断片的な交流の事例にすぎない。

中国王朝の台湾に対するこの出足の悪さを嘲うかのように、曲がりなりにも国家といえるような機構、上から住民を捕捉できるようなテクノロジーを備えた統治組織を最初に台湾島に持ち込んだのは、オランダであった(オランダの統治期間、一六二四—一六六二)。一七世紀初めからポルトガル、スペインなどと東アジア進出を競い合っていたオランダは、まず澎湖島占拠を試みて明と戦った後、台湾南部、現在の台南市に貿易と統治のための機構を置き、周辺の先住民族を統治し布教し、台湾対岸の福建地方から漢族農民を呼び込み、米とサトウキビを作らせた。オランダの狙いは、中国・日本と南洋・ヨーロッパとの中継貿易基地の確保だったが、漢族農民のサトウキビからできる砂糖と先住民族から漢族商人が集めてくる鹿皮とが台湾独自の有力な輸出商品となったのは予想外の収穫であった。その後、砂糖は戦後初期まで輸出商品であり続けるが、乱獲によって鹿はまもなく台湾の平原から姿を消してしまう。

オランダを追って次に台湾に入ったのは、福建から中国東南海上に勢力を張った鄭氏の集団であった(鄭氏の台湾統治期間、一六六二―八三)。この時、中国大陸ではすでに明朝が北の満州に興った清に滅ぼされていた。「反清復明」の旗を掲げた鄭成功は、その水軍を率いて二度にわたる「北伐」を敢行して敗れ、勢力を養う基地を求めて台湾海峡を渡ったのである。鄭氏の集団は、「海を領土とし、船隊を国家とする」(宮崎市定『中国史　下』岩波書店)、中国史上にはまれな海上武装交易勢力であった。台湾には、鄭氏の軍人兵士のみならず、「反清復明」の旗にひかれて一定数の文人官僚も台湾に移り住んだ。屯田制がしかれ兵士は中南部各地の駐屯地で開拓にはげみ、官僚は小規模ながら中国王朝に似せた政府と地方行政機構を設けて政務に携わった。台湾は、このような勢力の出現によってようやく中国史の軌道のなかにひきこまれたのである。

その鄭氏を倒して台湾に手を伸ばしたのは、言うまでもなく、中国大陸に覇を唱えた清朝であった(清朝の統治期間、一六八三―一八九五)。清朝は、福建省の下に台湾府をもうけ、統治を開始した。清軍の台湾進攻は、鄭氏という反清勢力を消滅するためであって、積極的に支配領域を拡大しようというものではなかった。ときの康熙帝の「台湾ハ弾丸ノ地ノミ、之ヲ得テモ加ウル所無ク、之ヲ得ズトモ損ウ所無シ」(王先謙『東華録』)という言葉にそれはよく示されている。当初、清廷ではいったん台湾放棄論が優勢を占めたが、台湾討伐の水軍を率いた福建水師提督施琅が「台湾ハ一小島ト雖モ、実ニ数省ノ屛蔽ニ腹地シ、之ヲ棄ツルモ番(先住民族を指す)ニ帰サズ、賊(鄭氏のような反清勢力)ニ帰サズ、而シテ必ズ荷蘭ニ帰ス」(施琅『陳台湾棄留利害疏』)と、国防上の必要性を強調して、正式に版図に加えることが決まったのである。

話はやや横道にそれるが、興味深いのは、台湾に対するこのような見方に、約二世紀後にも、三世紀後にもかなり正確なエコーが聞かれることである。

「黒船」を率いて江戸太平の眠りを醒ましたアメリカのペリー提督は、江戸幕府の返答を待つ間、部下を台湾北部に派遣して港湾や炭坑の調査をさせていた。その報告に基づいて帰国後、台湾の領有を主張した一文に曰く、「台湾の位置は米国の極東における商業の物産中継基地に非常に適している。台湾を起点とすれば、対中国・日本・コーチシナ・カンボジア・シャム・フィリピンその他この一帯の航海路線が築かれる」「軍事的見地から見れば、台湾の戦略的価値は大変重要である。台湾を占領すれば清国南部一帯を制することができる」(リース著・吉田藤吉訳『台湾島史』明治三一年、より)。

日本では、一八九四年日清戦争開戦後、伊藤博文首相に宛てた意見書で井上毅が曰く、「台湾ハ……能ク黄海、朝鮮海、日本海ノ航権ヲ扼ス可クンバ、東洋ノ門戸ヲ制ス。……若シ此ノ機会ヲ失スレバ、二、三年後、台島ハ必ズ他ノ一大国ノ有スルトコロナルベシ」(伊藤潔『台湾』中公新書、より転引)。

さらにその一世紀後に中国の最高リーダー鄧小平のエコーがある。「統一しなければ台湾の地位は保てない。そうしなければ、台湾は別の国、たとえば米国、日本にとられてしまうからだ」(Far Eastern Economic Review, Apr. 30, 1987)。

話をもとに戻す。一七世紀末、清朝は台湾の版図と編入を決めたものの、一九世紀後半に再度台湾をうかがう西欧勢力の登場まで、台湾を反清勢力の温床としないこと、台湾を王朝の面倒の種としないことが基本姿勢であり、そのため数々の対策がとられた。なかでも、対岸からの台湾への厳しい渡航制限は重要な施策であったが、台湾の沃野に新たな生存・発展の機会を見出した対岸地域住民の意欲の前にはそれも効果が無かった。移民の高波は一九世紀初めまで続き、漢族による開拓は、オランダ時代から開かれた台南地方から南下して下淡水河流域へ、北上して中部彰化平野、さらに北上して台北盆地へ、そこから東転して北東部宜蘭平野へと進展した。

台湾の人口もこれにつれ急増し、漢族人口は鄭氏時期末期の推定一二―一五万から一八一一年の一九四万(清朝によるセンサス)と二〇倍以上になった。一九世紀末、日本の植民地支配開始のころの人口は約三〇〇万と見られる(一九〇五年台湾総督府によるセンサスでは総人口は三〇四万、うち日本人が五・七万)。このような人口増加と課税可能な地域の拡大につれ、清朝も行政機構を拡大・拡充せざるをえなかった。当初の一府(台湾府)三県は一八世紀末には一府四県二庁に拡大、日本の台湾出兵直後の一八七五年には新たに台北府が設けられ、清仏戦争後の一八八五年には、福建省から独立して台湾に一省が置かれるに至ったのである。

ここで少しまとめてみよう。一七世紀は、台湾の歴史にとって決定的な転機であった。まず、ヨーロッパの重商主義勢力が、ついで中国史にはまれな「海を領土とし、船隊を国家とする」海上武装交易勢力が台湾に根拠を置くことによって、台湾は歴史時代に引き込まれることとなった。ついで、清朝が台湾を版図に入れたことによって、ここで初めて中国大陸を統治する政権によって統治されることとなり、そのもとで進んだ対岸からの漢族の移住・開拓により、今日に見る台湾社会の基本的性格――少数先住民族をうちに含む漢族中心の社会――が決定的に形成されることとなったのである。

そして、次の大きな転機が一九世紀後半にやってくる。もちろんこの転機は台湾だけのものであったわけではない。西欧勢力の再度の、先回の一七世紀よりもいっそう強大な力を背景とした進出により、地域安定の要である清朝も動揺し、東アジアの各国・各民族はいずれもあれやこれやの命運の岐路に立たされたのであった。

この時期の台湾の転機には、二〇世紀の今日まで続く二つの側面があった。ひとつは、台湾経済が再び世界経済の中に組み込まれ、オランダ時代、鄭氏時代と同様に輸出を主導とする発展の軌道に入ったことである。一八六〇年の欧米列強と清朝との北京条約で開港場が追加されたが、その中に台南と淡水が含まれており、その後まもなくそれぞれの「子港」として、打狗(後の高雄)と鶏籠(後の基隆)も開港された。

開港の影響は、中国大陸と台湾では異なっていたようである。台湾に限っていえば、台湾の経済を新たな市場に結び付けることによってその潜在力を引き出すものとなった。それまで中国大陸への移出商品であった米は西欧商人が持ち込むタイ米に市場を奪われたが、砂糖の日本向け輸出は増大し、さらに新たに台湾に導入された茶とこの時期にセルロイドの原料として突如世界商品となった樟脳の輸出が急速に伸び、一八七〇年代に入ってからは並行して急増した阿片の輸入を補ってあまりある貿易黒字を台湾にもたらした。清末の台湾は急速に清国の中でももっとも豊かな地方の仲間入りを果たしていった。

このような経済発展は、今日にも続く重要な影響を台湾の社会に残している。茶は丘陵地で栽培され、樟脳の原料となる樟樹はこの頃には平地では少なくなり山地に入って採取するしかなかった。したがって、茶と樟脳の生産活動の活発化は、それまで漢族との接触の少なかった山地先住民族の生存空間に本格的に平地の勢力とその文明が侵入を開始したことを意味した。それまでに平埔族と呼ばれる平地居住の先住民族が移住漢族の圧倒的な勢いにさらされて来たのと同様の圧力に、山地先住民族も直面するようになったのである。この趨勢は、「開山撫番」(清末)、「理蕃事業」(日本植民地期)という名目の征服戦争を伴いつつ、日本統治時代を経て戦後にも連続している。

また、この時期の経済発展は、台湾の社会経済の重点を開発の起点だった南部から北部に移すこととなった。前述のように一八七五年の改革で台北府が置かれ、台湾省の設置に際しても省都が当初予定された台中にではなく台北に置かれたことは、このことの政治的反映であった。台北のこの地位は、日本にもその後の国民党政権にも引き継がれて、今日に至っており、台湾にとっての台北の中心性はますます強まっている。

清末における台湾の転機、その第二の側面は、日清戦争の結果、台湾が日本に割譲されたことそのものである。日本の台湾出兵後に進められた台湾統合強化策(台湾の省への昇格もその一環)にもかかわらず、隙を窺う列強に対して清朝はついに台湾を保持することができなかった。台湾を取ったのは新興の帝国主義・日本であった。

これにより、台湾は一七世紀以来再び中国大陸を統治するのとは別の政権に統治されることとなった。中国大陸とは別の政権に統治されるという事態は、日本の敗戦後から一九四九年までの四年間を除いて、今日まで続いている。また、後に述べるように、日本統治により二〇世紀前半の中国大陸の政治展開からほぼ隔離されていた台湾社会にとっては戦後の国民党政権も外来政権の性格を持つことを考えれば、外来者の支配も一九世紀から約一世紀近く続き、最近の民主化の進展とそれに伴う台湾化の進展により、ようやく終結の兆しを見せているのである。

作家の故司馬遼太郎は、大きな波紋を呼んだ台湾の李登輝総統との対談を「場所の悲哀」と題し、「台湾人として生まれ、台湾のために何もできない悲哀がかつてありました」という李登輝の言葉を引き出している。人が生まれそして生きた場所がたまたま台湾であったために味わわざるをえなかった苦しみ、悲哀がある、ということをそれは言っている。

このことは台湾の歴史、ことに近現代の歴史に照らして、確かに一つの真実であると思われる。半世紀にわたる日本の植民地支配、そのもとでのお定まりの差別、抑圧、収奪、支配者文化の押し付け。日本支配からの離脱直後の二・二八事件(後述)における虐殺、その後の「白色テロル」(共産党狩り)とその後に続いた政治警察の支配、「国語」の日本語から中国普通語(標準語)への切り替わりによる苦痛などなど。これら、近代以降の異なった外来支配の交代と連続とからもたらされた犠牲と苦闘は、台湾という「場所」と切り離しては考えられない。

しかし、台湾という「場所」については、その「悲哀」を語るのと同じように「場所の幸運」ということも語りうるように思う。それはすでに触れてきたように、主として経済の面に現れている。亜熱帯、熱帯の豊かな自然と中国南部からの勤勉で商業的センスに優れた移民とに支えられて、台湾では日本統治末期まで、時代ごとの外部市場の需要に即応しつつ商業的農業がほぼ順調に発展してきた。清代の米、清末期の茶と樟脳、日本統治期の砂糖と蓬萊米の生産などがそれである。戦後の工業化が「アメリカの平和《パックス・アメリカーナ》」のもとでのアジア・太平洋の経済循環の中で行われたことは指摘するまでもないことである。そして、その経済発展の基礎の上に、近年は政治の民主化を進展させた。

台湾は、中国大陸に漲った力と西太平洋の海洋に伸長する力の交差するところに位置する。その位置が、このような「場所の悲哀」と「場所の幸運」とがないあわさった歴史を台湾に与えているのであろう。

「場所の悲哀」と「場所の幸運」とがないあわさった歴史の中を生きてきたといっても、もちろん台湾の人々の生き方が、他の地域の人々から見て、何か格別に特殊なものであったわけではない。それは、近代のアジアの民衆がよく知っている夢――「富」(経済発展)と「自由」(民主化)――を追う奮闘であった。

「場所の悲哀」を背負い「場所の幸運」を享受しつつ、「富も自由も」へ向かって展開されてきたのが、台湾の近・現代史のドラマである。ただ、その背後に、台湾をめぐって中国大陸に漲った力と西太平洋の海洋に伸長する力とが交錯する東アジア史のドラマがあることを忘れてはならないのである。

これが、台湾という舞台である。そこに一九二三年、李登輝が生まれ落ち、一九四九年、蔣経国が戦い敗れた中国筆頭政治家族の嫡子としてやってきた。

第一章　蔣経国と「ソ連経験」

一九一〇年に蔣経国が生まれた時、父蔣介石(一八八七—一九七五)はその身辺にいなかった。蔣は一九〇七年から日本留学中で、この時は新潟県高田市にあった陸軍第一三師団第一九連隊付きの士官候補生であった。長男と初めて顔を会わせたのは翌年の一時帰国の時であった。

蔣介石は日本留学中に中国革命同盟会に入会し、そのリーダー孫文とも知り合っていた。この時はまだ軍人の卵だったこの父が十数年後には中国第一の軍事ストロング・マンに、さらには最高権力者にのしあがる。そのことが、蔣経国の一生を左右することになる。その父が蔣介石であることによって、彼はまだ世界の何たるかを知らぬ少年の時代から、中国現代史の激動の波を自身の上にまともにかぶり、それが、政治家蔣経国に「ソ連経験」を与えることになるのである。

1 幼少時代

蔣経国は、一九一〇年四月二七日、中国大陸は浙江省奉化県渓口鎮に生まれた。幼名を建豊といった。母は毛福梅。蔣介石が一五歳の時、祖母の王太夫人が娶《めあ》わせた四歳年上の妻であった。息子はむろん母を慕ったが、夫は長ずるにつれて年少時に親が与えたこの農村育ちの妻がうとましかったようだ。

一九一〇年は、中国風に言えば民国前二年である。翌一一年の一〇月一〇日、武昌蜂起が起こって清朝が倒れ、さらにその翌年中華民国が誕生した。だが、革命の歓喜もつかのま、清朝の官僚だった袁世凱の独裁がはじまり、袁の死後には軍閥の混戦が続き、生まれたばかりの共和国は出口の見えぬ暗黒の中に沈んでいくかに見えた。しかし、折りから勃発した第一次世界大戦で欧米列強の圧力が弱まる間に、中国の民族資本がやや息を吹き返した。この間、日本がその間隙を縫って火事場泥棒的に利権拡張の行動に走ったのであったが、戦後ヴェルサイユ講和会議が、日本によるドイツ山東省利権の継承を是認すると、これに反発して、北京、上海を中心に大規模な反対運動が巻き起こった。中国史上に名高い五・四運動である。

五・四運動では、運動の発端を作った北京の学生たちのみならず、組織された都市の商人や労働者も大きな役割を果たした。内には、こうした組織された大衆の政治の表舞台への登場、外には、一九一七年の十月革命で歴史の舞台に登場したソビエト・ロシアの中国への働きかけが、局面を大きく転換させていくことになる。

一方、蔣経国の一生にも深くかかわり、当然ながら李登輝の一生をも深く左右した日本は、蔣が生まれた年に、ついに韓国を併合、その翌々年、明治天皇が死去、中華民国の開始と時を同じくして大正時代が始まる。韓国併合の年には、近代日本最初の社会主義者弾圧事件である大逆事件も引き起こされていたが、一九一三年早々、明治天皇の大喪の記憶もまださめやらぬうちに、東京市中を騒然とさせた民衆の憲政擁護運動は官僚主体の第三次桂内閣を崩壊させた。日本は、明治天皇の死去とともに、「維新の元勲」たちがリードする緊張に満ちたネイション・ビルディングの時代が去り、民衆が表舞台に登場する新しい時代、いわゆる「大正デモクラシー」の時代を迎えようとしていた。

台湾は、日本の植民地統治下に組み入れられて、一五年目を迎えていた。一八九五年、下関条約で日本に割譲されて以後、漢族による農業開発が進んだ西部平野部で、土着の豪族勢力などによる各地の抵抗を排除し、警察力の周密な展開を中心とする支配体制(いわゆる「警察政治」)が確立するのが、一九〇二年。土地調査・地租増徴や専売制度が成功し台湾総督府特別会計が本国政府一般会計からあおいでいた補助(抵抗排除のための軍事費がかさんでいた)が不要となり、台湾総督府のいわゆる「財政独立」が果たされるのが、一九〇五年である。

日露戦争後、最大の国難を克服して自信を得た日本資本は、ぞくぞくと台湾の製糖業に参入、一九一〇年には総督府が新規参入の制限を打ち出すまでにいたる。近代製糖業の確立を通じて、植民地台湾の経済は日本本国経済にかっちりと組み込まれた。そしてさらに、日本本国の工業化・都市化のもたらす需要に対応して、日本人の口に合うジャポニカ種の「蓬莱米」の台湾での本格栽培が始まるのが、一九二二年であった。「蓬莱米」は、砂糖と並んであっという間に台湾の二大移出産品となる。

また、同じ一九一〇年に、時の台湾総督佐久間左馬太は、頻繁な「蕃害」(侵入する平地人に対する山地原住民の抵抗行動の意味もあった)の除去をうたって、北部山地先住民族地域に深く軍隊を侵入させる、いわゆる「蕃地討伐五カ年事業」を開始した。一九〇二年までの平地での討伐行動を第一次台湾征服戦争とすれば、佐久間の「五カ年事業」は、山地先住民族を対象とした第二次台湾征服戦争であった。この「戦争」が終了し、平地の経済支配の進展と並行して、日本の統治が平地から山地までようやく確立するのである。

一九一五年、台湾は日本統治二〇周年を迎え、総督府は翌年台北で「台湾勧業共進会」を催す。この間、経済開発の急進展に伴う土地収奪への反発と対岸中国の辛亥革命の影響から、前後して何回かの武装蜂起事件ないしその未遂事件がおこるが、それもおさえられる。確立した政治・経済支配のもとで、植民地台湾にも日本本国の大戦景気が波及、第一次世界大戦後の「民族自決」・「自由主義」といった世界的思潮の波も留学生などを通じて台湾に及ぶこととなる。第一次大戦と前後して台湾社会も変貌をとげていく。日本統治下に誕生し形成されはじめた近代教育を受けた台湾人がまもなく台湾社会の水平線にその姿をあらわすであろう。そして、内外の力の交錯から、大戦後には武官総督による統治から文官総督による統治へと統治政策も変更となる。後に台湾の「中華民国総統」の地位に就くことになる李登輝が生まれてくるのは、その後のことである。

蔣経国は、一九一六年、渓口鎮の武嶺学校という学校にあがった。

この年、蔣経国に弟ができた。蔣緯国である。辛亥革命後、父蔣介石は反袁世凱闘争に従事し、日本と中国を行ったり来たりしていた。緯国の父は、このころ蔣介石と行動をともにしていた親友の戴季陶（後の国民党右派の要人。『日本論』などの著書がある）、母は看護婦をしていた重松金子という日本女性で、家庭の事情で子として認知できない親友に代わって蔣介石が自分の子としたのである（汪士淳『千山獨行　蔣緯国的人生之旅』）。緯国は、蔣介石が前年から同居を始めた二番目の夫人姚冶城の手で養育されることとなった。

中国の教育改革は清朝時代末期に始まっているが、一九一〇年代はまだ新旧の入れ替わりの時期である。蔣経国が入学したこの武嶺学校というのは実際には伝統的な漢学塾と同じものであったらしい。蔣経国がここで学んだのは二年のみで、その後は父が付けてくれた漢学者について学び、一九二一年になってようやく、奉化県にできた龍津小学校に入った。

しかし、その年、蔣介石は蔣経国を上海に連れ出し、万竹小学校という学校の四年生に編入させた。この学校では、英語も教え、また数学や自然科学関係の教科もあった。これが蔣経国がまともな近代教育を受けた最初だったが、その一方で、蔣介石は手紙でしきりに孟子と曾公家訓（曾公は、清末の大官で太平天国討伐に功績があった曾国藩のこと）といった類の書物も学ぶよう指示してきた。

一九二四年冬、蔣経国はこの小学校を卒業、翌春、同じく上海の浦東中学校に進学する。蔣経国が上海で学ぶ間、時代の空気は再び急速に革命へと傾いていた。その革命、国共合作で推進される「国民革命」の波が、蔣経国がわずかに享受した近代教育も、父が熱心に勧めた孟子と曾公家訓をも後景に押しやってしまう。

2 「連ソ容共」の時代

五・四運動を通じて人々が見出したことは、統一された全国的な政治的基礎を持たず、混戦を繰り広げる軍閥のどれかに支持されるにすぎない政府(北京政府)のもとでは、帝国主義列強に対する国権の回復はのぞめないということであった。そこで、外に国権回復の反帝国主義闘争、内に軍閥打倒・国家統一を掲げる「国民革命」の遂行が課題となる。この時、欧米による大戦後の中国進出体制の再構築の動き(いわゆるワシントン体制)をにらみながら、こうした中国の政情に積極的に介入してきたのが、ソビエト・ロシアであった。

一九一九年七月、ソビエト・ロシア政府は、ツァー・ロシアが中国と結んだ不平等条約の廃棄とそれに関連する利権の一部の放棄を宣言し(いわゆる「カラハン宣言」)、これをヴェルサイユ講和会議に失望していた中国世論が熱狂的に歓迎すると、北京政府に外交関係樹立を働きかけ(一九二四年五月実現)、西北の軍閥馮玉祥に接近し、援助を与えた。

その一方で、コミンテルン(共産主義インターナショナル)を通じて、当時の指導的共産主義知識人であった陳独秀や李大釗らにはたらきかけ、一九二一年、上海で中国共産党が結成された。共産党は直ちに「中国労働組合書記部」を設けて、二一年から二三年の労働運動の高揚を指導し、広東省や湖南省では農民運動にも進出するに至った。

さらにコミンテルンは、北京政権に対抗するために広東に足場を築こうとしていた孫文とも接触し、ソ連の中国民族運動への支持や中国共産党との共同闘争の重要性などを説いた。孫文は、二三年一月にいたりソ連政府外交使節団長として来訪したヨッフェと会談してソ連との提携を鮮明にし、さらに、二四年一月、広州で国民党第一回全国大会を開き、「連ソ・容共・労農扶助」の三大政策を採択した。ソ連は、政治顧問にボロディンを、軍事顧問にガリンを送って援助した。「国共合作」による「国民革命」が大きく動き出したのである。

同時に、孫文は、一連の共産主義者との接触から革命の推進のためには組織性・計画性を備えた党の建設が必要であると判断し、政治的基盤を拡大できず伸び悩んでいた中国国民党(一九一九年に中華革命党から改称)の大幅改組を断行した。

改組のポイントは三つあった。いずれもその後の中国政治に、ひいては戦後の台湾の政治にも深遠な影響を与えるものであった。これらの影響やその残滓が消えていく時、中国政治の二〇世紀が終わることになるのであろう。

第一は、党の組織形態である。ロシア共産党にならって、党運営機構としての委員会制の採用、党内規律の強化、民衆に対する宣伝・組織部門の確立など、中央集権的な、いわゆるレーニン主義的な形態がとられた。この形態は言うまでもなく二一年に結成された中国共産党が採用したものでもあった。以後の中国のナショナル・レベルの政治空間は、しだいにこの二つのレーニン主義型の革命政党が占領していくことになる。

第二は、その党軍の建設である。二三年ヨッフェと会談した後、孫文は、軍人の側近として頭角を現していた蔣介石をソ連に送り、赤軍の組織などを視察させ、翌年六月、広州郊外の黄埔に軍官学校を開設した。校長には蔣介石、党代表には国民党左派の要人廖仲凱が就任した。この学校では、国民党の政治教育とソ連赤軍式の軍事教練を実施し、正規の卒業生だけで四九八一名の指揮官を養成している。

黄埔軍官学校の卒業生と在校生が形成する教導隊は、国民党の広東政府の統治確立に際して目覚しい活躍を見せた。その基盤の上に、二五年七月、広東政府は、正式に中華民国国民政府を名乗り、翌月には、この教導隊を中核に広東、広西、湖南、貴州などの地方部隊をあわせて、国民革命軍が正式に編成された。

蔣介石は軍官学校校長のまま国民革命軍総監という地位につき、翌年、国民政府が軍事力により北京政府をくつがえし全国統一を実現しようという「北伐」方針が決定されると、同軍司令官に任命された。国民党の党軍としての国民革命軍の形成過程は、蔣介石が国民党勢力内で軍事リーダーとして急上昇する過程でもあった。そして、「北伐」とそれに続く「反共」の血なまぐさい闘争を経て、蔣介石は全国的リーダーへとのし上がっていくのである。

戦後台湾における「中華民国国軍」は、憲法上はともかく、政治的・イデオロギー的にはごく最近まで党軍であり、また蔣介石の、蔣経国の軍であった。中国の人民解放軍は今も名実ともに党軍である。

第三は、国共合作である。コミンテルンはインドネシアでの経験（民族主義団体サレカット・イスラムに共産主義者が加入して勢力拡大に成功）から中共に対して党員の国民党への個人加入による国民党との共同闘争を指示し、孫文はその「連ソ容共」の方針に基づいてこれを受け入れた。中共党員は多くは大衆運動部門を受け持った。毛沢東は農民運動部長を担当している。

国共合作は、ソビエト・ロシアの援助を呼び込み、党と軍を強化し、かつ大衆運動を鼓舞して、革命の情勢を大いに進展させたが、同時に両者の軋轢も強めることとなった。二五年の国民政府成立直後には、国民党左派の廖仲凱が暗殺され、同年一一月には、古参党員の右派が公然と北京郊外の西山に会合して独自の政治的結集をはかった。さらに、翌年三月には、中山艦という軍艦の動きをクーデターの準備と疑った蔣介石が麾下の部隊に共産党幹部とソ連軍事顧問を拘束させる事件がおこった。そして、「北伐」を経て二七年四月、蔣介石がついに上海で反共クーデターに踏み切り、国共合作は崩壊する。

しかし、国家的課題に関して中国のこの二つのレーニン主義型革命政党が「合作」するという政治的アイディアはその後もごく最近まで生き続けた。対日戦争時に実現した第二次国共合作、戦後の分裂国家化後、共産党側からしばしば呼びかけられた国家統一のための「第三次国共合作」がそれである。

話をもとに戻す。蔣経国は、浦東中学校に進学したものの、結果的にはここで勉強らしい勉強をする暇はなかった。五・三〇事件のためである。一九二五年五月半ば、上海のイギリス租界にある日本資本在華紡績工場で労働争議にからんで労働者が射殺される事件が起こった。五月三〇日、事件に抗議するデモ隊がイギリス租界警察を囲むと、狼狽した警察側がデモ隊に無差別に発砲、数十名の死傷者を出した。これは各地で民族的憤激をよび、租界回収、帝国主義打倒のスローガンが叫ばれ、上海では、商店はいっせいに店を閉じ、学生は授業をボイコットして抗議デモに出た。

満一五歳になったばかりの蔣経国は、この熱狂に躊躇無く飛び込んでいった。自身の手記によれば、四回にわたって浦東中学のデモに参加し、いずれの場合もデモ隊の隊長に選ばれたという。こうした授業ボイコットとデモの日々は事件後一カ月以上も続いたらしい（蔣経国「我在蘇俄的日子」）。だがこれには代価があった。「行動が常軌を逸している」として、蔣経国は退学処分となってしまう。

蔣経国はやむなく父のいる広州に向かった。黄埔軍官学校に着いて、かれはさまざまの国民革命のスローガンや多数のロシア人の姿を目にする。広州の革命気分の刺激で、蔣経国は国民革命軍への参加を願うが、父は許さず、蔣経国を北京にいた友人の呉稚暉のもとに行かせた。呉稚暉は北京で外国語を教える海外補修学校をやっており、蔣経国はそこに入学した。

しかし、蔣経国はここにも長くはいなかった。かれは北京の学生の反軍閥デモに参加、逮捕されて二週間拘束されている。今度は学校を除籍になったわけではないが、まもなくモスクワの中山大学（孫逸仙大学。逸仙も中山も孫文の号）に行くことを決意し、北京を離れる。自身が語るところによれば、北京で国民党の邵力子の紹介で当時ソ連大使館に住んでいた共産党の李大釗と知り合い、その紹介で何人ものロシア人と知り合い、かれらの勧めでその気になったという（蔣経国、同前）。

二五年一〇月、蔣経国は同じくモスクワに向かう学生たちと上海を出発、ウラジオストックからシベリア鉄道に乗り換え、一一月末モスクワについた。ウラジオストックまでの船中で読んだブハーリンの『共産主義のＡＢＣ』が、この一五歳の少年が初めて読んだ共産主義の書籍であった。

3　同志ニコラ――スターリンの人質

モスクワの中山大学は、孫文の死後すぐにソ連側が提議して作られた。大学といっても実際はコミンテルンの共産主義者が指導する革命幹部養成学校であった。その学生の構成は、第一次国共合作時のソ連・国民党・共産党関係を象徴する。

学生は三つの異なったルートからやってきていた。一つは、国民党が派遣したもので、蔣経国、廖承志(廖仲凱の息子)、于秀之(于右仁の娘)など、ほとんどが国民党要人の子女であった。馮玉祥将軍の息子馮洪国もいた。第二は、共産党の推薦による者たちである。左権、楊尚昆、そして、後に中共モスクワ駐在支部責任者として蔣経国を苛め抜く王明(本名、陳紹禹)がいた。

第三は、ヨーロッパから選抜されてきたグループで、多くは一九二〇年のフランス勤工倹学運動で行った者たちであった。政治的には共産党系統の者と国民党系統の者があり、前者の中に毛沢東死後の中国に一時代を築いた鄧小平がいた。蔣経国は、共産主義青年団(共青団)の「組織生活」のなかで「小さい大砲」と渾名されていた鄧小平と出会っている。蔣経国は、中山大学入学後まもなく共青団加入を認められていた。やはり国民党の「高官子弟」の一人として特別扱いであったのであろう。

入学すると学生たちにはそれぞれロシア風の名前が与えられた。蔣経国は「同志ニコラ」となった。授業は二〇人ほどのクラスに分けて行われ、ロシア語のほか、通訳付きで中国革命運動史、唯物論哲学、資本論、レーニン主義などの授業があった。国共合作を象徴するはずの大学だったが、「三民主義」の講義などはなかった。蒋経国は、熱心にロシア語を学び、一年後には鉄道労働者の集会で演説できるまでに上達した。

講義でひかれたのは、校長のラデックが自ら講じた中国革命運動史であった。蒋経国はしばしば校長室をたずね、直接に教えをこうた。ラデックはトロツキーと近く、蒋経国はまもなく中山大学内のトロツキー派の一人とみなされるようになった。

よく知られているレーニン亡き後のソ連指導部におけるスターリンとトロツキーの闘争は、中国革命路線問題をめぐってまもなく頂点を迎える。歴史の後知恵から見れば、まだ青年とも言えない年齢の蒋経国のこの猪突猛進は実に危なっかしい。だが、蒋経国の運命を変えてしまったのは、中国の情勢の大転換、その中で父蒋介石がとった決定的な行動のほうであった。

「国民革命」の政治過程では、国共合作の中にも両党の激しい革命主導権争いが暗流していたことはすでに触れた。その暗流は、まもなく開始された「北伐」の破竹の進展で一時隠蔽されていたが、国民革命軍が揚子江中流の要衝武漢に達し、さらに一九二七年三月、共産党指導下の労働者がゼネストで軍閥孫伝芳の部隊を駆逐して上海をそのコントロール下におくと、ついに爆発した。国民革命軍司令官蒋介石が、上海財界の支持を得て、武力反共に踏み切ったのである。

二七年四月一二日、蒋介石は麾下の部隊や広西軍実力者の李宗仁の部隊をおくり、上海の暗黒街組織

「青幇《チンバン》」の助けも借りて、上海総工会の労働者武装行動隊を襲撃して武装解除した。これがいわゆる四・一二クーデターである。以後、共産党員やその同調者を逮捕・殺害していく「清党運動」の嵐が各地で荒れ狂った。

そして、蒋介石は、四月一八日には南京に反共を掲げる国民政府を創設、揚子江下流と上流で南京政府と武漢政府とが対峙する局面となった。これにより経済的に重要な揚子江下流地域との連絡を絶たれた武漢政府は動揺をきたし、七月、汪精衛ら国民党左派も反共に踏み切り、国共合作は最終的に崩壊するにいたった。武漢は、翌月南京と合流、南京国民政府は、一二月にいたりソ連と断交を宣言する。共産党は、八月一日南昌の周恩来指導の蜂起を始めとして、影響力下にあった国民革命軍部隊を各地で武装蜂起させた。これら一連の武装蜂起が、共産党の党軍(労農紅軍、今日の人民解放軍)の起源を成す。しかし、この時の蜂起はいずれも失敗、蒋介石の「清党」で都市での基盤も失い、共産党の勢力は江西・湖南省境などでのゲリラ基地に極限されていった。

これら一切が一七歳の蒋経国にのしかかる。

蒋経国は、中山大学で開かれた四・一二クーデター糾弾の集会で激しく蒋介石を非難し、さらに「革命を裏切った者は中国労働者の敵だ。(蒋介石は)これまでは私の父親、良き友であったが、敵陣営に走った以上、今よりのち敵となった」(江南『蒋経国伝』)との声明文を発表した。この発言はタス通信を通じて世界に流されもした。だが、こうした態度表明もその後の蒋経国の境遇にさしたる影響をあたえなかったようだ。

二七年四月、中山大学の課程は終了し、蔣経国は他の同期生とともに帰国の申請を出したが、他の国民党籍の者が国共合作崩壊が明白となった後に帰国を認められたのに対し、蔣経国には許可は出なかった。それではと、赤軍入隊を申請したが、認められたのは研修生的身分での訓練だけだった。中国との通信もままならなくなった。

反革命の張本人、しかし中国の最高実力者にのし上がった男蔣介石の長男は生かさず殺さず。拘束こそされなかったが、蔣経国はいまやスターリン掌中の人質となったのである。

蔣経国は、モスクワ郊外の赤軍部隊で普通の兵士と同様の訓練を受けた後、成績優秀で、レニングラードの赤軍軍政学院に推薦され、三年間そこで学んだ。最後の年に共産党の候補党員となる。三〇年五月卒業、再度帰国を申請するも不許可。赤軍入隊を志望するも不許可。臨時に中山大学中国学生の就学旅行の引率をした後大病、病癒えるとモスクワ郊外の電気工場行きを命ぜられた。毎朝満員電車で出勤する普通の労働者の生活。ここで蔣経国は初めてソ連社会の基層に触れた。

この頃から蔣経国と王明との確執、というよりは中共モスクワ駐在支部の蔣介石の息子苛めが明白となる。中国国内では、南部省境地帯にできた中共のゲリラ根拠地が拡大しては蔣介石軍による包囲討伐に遭う事態が繰り返されていた。

軍政学院学生時代に蔣経国が行った王明批判の発言を理由に中共支部は、蔣経国をシベリアのアルタ

蔣経国とファニーナが知り合ったウラル工場．1993 年撮影

イ金鉱に追放することを執拗に主張した。ソ連共産党はとりあえず蔣経国をモスクワに近いシコフ村という貧しい村に送ったが、一年後についに中共の主張が入れられた。蔣経国はアルタイ金鉱に送られ、そこで政治的に疑われて追放されてきていた学者、学生、技師などとともに九カ月働き、一九三三年一〇月、スヴェルドロスクのウラル重機械工場にまわされた。

　モスクワから離れてここスヴェルドロスクでは、平静な生活に恵まれるかに見えた。ウラル重機械工場で蔣経国は順調に昇進し、翌年には副工場長に抜擢された。同じ工場のファニーナ(帰国後、中国名蔣方良)という女工と知り合い、三五年三月結婚した。一二月に長男(中国名蔣孝文)が、翌年長女(中国名蔣孝章)が生まれた。

　この間にも、王明・中共支部の蔣経国苛めは続いた。三四年の八月から一一月までソ連政府内政部が蔣経国に尾行をつけ、三五年一月には、モスクワに呼び出され、王明から、中国では蔣経国逮捕の報道があるから、それを否定するために、ここでは自由であることを伝える母への手紙を書けと強要された。蔣経国は最終的にその手紙を書いたのだが、その前に王明が自分で書いたものを中国に送ってしまっていた。

だが、まもなく情勢は大きく動く。コミンテルンは同年七月第七回大会を開き、反ナチズム統一戦線の方針を提起し、これを受けて、同年末、国民党軍の包囲を破って陝西省に到達していた中共は、毛沢東の主導権のもと蔣介石・国民党を含む抗日民族統一戦線を提唱するに至った。そして、翌一九三六年一二月、西安事件が起こる。

西安事件ほど転機という言葉にふさわしい事件は、近代の東アジアの歴史には見当たらない。それは、国共関係、日中関係、そして中ソ関係、さらには蔣経国個人の命運の大きな転換点となった。陝西省西安で共産党軍討伐にあたっていた東北軍の張学良と西北軍の楊虎城が、一二月一二日、督戦に来た蔣介石を拘禁し、蔣に対し「国共内戦停止、一致抗日」を迫った。中共内には蔣の公開裁判、処刑を要求する声もあったが、スターリンは蔣介石釈放を打電、南京からは蔣夫人宋美齢らが、中共の根拠地からは周恩来らが西安に飛び、交渉にあたった。

蔣介石と周恩来は、第一次国共合作時、黄埔軍官学校で校長とその部下の政治教官という関係にあったことがある。交渉の際、周恩来が巧みに蔣経国のことを話題にすると、蔣介石は子を思う親心を覗かせたので、周は親子が再会できるよう尽力しようと表明したという(江南、前掲書)。交渉は成功し、文書に署名はしなかったものの蔣介石は「内戦停止、一致抗日」の要求を受け入れ、二六日、釈放されて張学良を伴い南京に戻った。張学良はその後、蔣経国の死後まで軟禁されることとなる。

蔣介石の釈放は、国共の再度の合作の気運を大きく進めた。三七年一月、国民党中央委員会は抗日戦争のための共産党軍の存在を認める決議を採択した。抗日のための第二次国共合作が事実上成ったのである。日本の政府も軍も、こうした底流の変化の意味を悟らず華北への侵略の手をゆるめず、ついに北京郊外盧溝橋での小規模な軍事衝突をきっかけに、中国側が構える長期戦争の戦略に引き込まれていってしまった。

　国共関係の改善は、中ソ関係、ソ連と蒋介石との関係の改善でもあった。蒋経国は、西安事件後、再度帰国を求める手紙をスターリンとコミンテルンに出していたが、ある日突然モスクワの外交部に呼び出され、帰国許可の旨を告げられた。二七歳になる蒋経国がロシア人の妻と二人の子どもを連れてモスクワを発ったのは、その年の三月二五日だった。スターリンの人質は、ようやくその束縛を解かれたのである。

蒋経国夫妻と家族たち．前列左端孝武，右端孝勇，後列左孝文，右孝璋．1970 年

　父蒋介石の四・一二クーデターからこの時までの一〇年が、蒋経国の苦い青春であった。出発から帰国まで、徹頭徹尾その父親ゆえの「ソ連経験」であったが、この苦い「ソ連経験」こそ、後の戦後台湾政治のストロングマン蒋経国自身を作りだす経験でもあった。

　後知恵になるが、レーニン主義的な支配機構における権力組織――政治警察や政治工作員による軍の統制組織など――の実際を当時の国民党で蒋経国以上に知悉している者はいなかったであろう。実の長男がこれに精通していたことは、戦後、内戦敗北後の蔣介石には大きな資産となる。

これと一見相反するようだが、モスクワ郊外の農村やウラルの工場で労働し、基層の農民や労働者と交じり合った経験は、父蔣介石の持ち得なかった、民に親しむポピュリスト的な独裁者として振る舞う能力を蔣経国に与えただろう。これこそが、一九七〇年代以降の危機に立つ国民党政権を背負ったストロングマンの統治スタイルとなったのである。

4 「太子」の帰還、「太子」のデビュー

一九三七年四月、蔣経国は再び中国の土を踏み、南京に赴いて、一二年ぶりに父に、そして今や母として仕えるべき宋美齢にまみえた。当初、蔣介石はなかなか息子やその家族と会おうとせず、二週間待たせて祐筆(文筆秘書)の陳布雷のとりなしでようやく面会を許したという(江南、前掲書)。

蔣介石が、蔣経国の資質をどのように評価しており、また当時この長男にどのような感情を抱いていたかはよくわからない。しかし、この時のかれの態度は、少年の日に別れて長く会うことなく、通信することも無かった父と子の間の気まずさというだけでは、もちろん理解できない。国民党内では、一九五〇年代の末に至ってもまだ蔣経国をソ連の代理人か同情者と疑っている有力者がいたという(克萊恩〔Cline〕『我所知道的蔣経国』)。まして三〇年代においておや。少年の日の出来事とはいえ中国政治の頂点に立つ父を公開の場で一再ならず革命の敵と非難し、王明らに苛め抜かれていたとはいえ一時はソ連共産

蒋経国夫妻と生母毛福梅

党の候補党員となり、ロシア人の妻を連れて帰った息子を、両手を広げて厚遇してやるわけにはいかなかった。

　蒋介石は、息子を故郷渓口へ行かせた。そこで経国は、生母毛福梅に会い、中国式で結婚式をやりなおした。蒋介石は家庭教師と学友までつけて中国思想を学ばせた。蒋介石が読むように指示したのは、「国父(孫文)の教えと遺言」、そしてまたしても曾公家訓と王陽明の全集であった(江南、同前)。これが、複雑な中国の政治環境の中で蒋経国が必要とした最低限の「思想改造」、日本風にいえば「禊《みそぎ》」であった。ソ連的なるものと共産主義の過去を消去したという儀式が政治的に必要であったのである。

　こうした政治的な「渓口ごもり」を経て、蒋経国は現代中国筆頭政治家族の「太子」としてひっそりとデビューする。翌三八年、江西省省都南昌に赴き、省政府の保安部隊の訓練を担当、翌年一月南昌が日本軍に占領されると、行政督察専員兼贛県県長として同省南部の贛州に赴任した。贛州地方は、福建、広東、湖南の各省と境界を接する省境地域で、つい先年まで中共が革命根拠地として割拠していた地域であった。在任中に、故郷の渓口が日本軍に爆撃され、生母毛福梅を失うという痛手があったが、経国は、三〇年代の内戦で痛めつけられたこの地域の活性化に若い情熱をそそいだ。そのデビューぶりはまずまずのものだったのである。

一九四四年一月、蔣介石は、ようやく蔣経国を戦時首都となっていた重慶に呼び、三民主義青年団中央幹部学校教育長に任命した。これで、「太子」蔣経国の活動舞台が地方から中央レベルに上がったわけであるが、以後は、それまでのように順風満帆とは行かなくなった。

一九四五年九月、蔣経国は国民政府軍事委員会東北行営外交部特派員に任命された。八月八日に対日宣戦し東北地方の要衝を占領したソ連軍との、同軍の撤収と国府軍の東北進駐・在東北日本機関接収に関する交渉に、そのロシア語とソ連滞在経験を買われたのであった。自身も、ソ連経験が生かせるであろう東北を政治的発展の足場にしたいと希望していた。

しかし、結果は惨澹たるものであった。ソ連軍は、日本が残した工場設備を解体して戦利品として本国に輸送するとともに、撤収を再三にわたって引き延ばした。そしてその間に、華北から移動した中共軍が後背地に浸透してしまったのである。これは、翌年夏から本格化する内戦での国民党側の重大な敗因の一つであった。接収交渉で一役買い、東北で基盤を築こうという政治的もくろみは見事に外れてしまった。

対日戦争勝利後、国府は、一九四六年四月ようやく重慶から南京にもどり、さまざまな機構の再編が行われたが、国民党中央党学校と三民主義青年団中央幹部学校を統合して中央政治大学を作ることとなった。当時の国民党では、「蔣家の天下、陳家の党」といわれ、陳果夫・陳立夫兄弟(蔣介石の親友で革命同志の陳其美の甥)が党組織を牛耳り、その勢力はCC系と呼ばれていた。中央党学校は当然その重要な勢力基盤であり、政治大学もそうであり続けなければならなかった。蒋経国は、その政治大学（校長は蒋介石）の教務長に任命されたが、CC系は学生を扇動して蒋経国排斥運動をやらせ、蒋経国は仕事を始めもしないうちに辞表を出さねばならなかった。

国共内戦は、一九四六年夏から本格化するが、ソ連の助けで東北という戦略的要地で先手をとった共産党がしだいに優勢となり、国民党支配地区では、昂進する天文学的インフレが国民党の統治を急速に蝕んでいた。やむなく国府は四八年八月、価値のなくなった従来の通貨法幣の通用を禁止し、金本位の金元券を発行する通貨改革を実施した。

この改革にあたり、蒋経国は上海経済監督員に任命されたが、またもや結果は惨憺たるものであった。贛州以来の部下を引き連れ上海に乗り込み、物価統制の維持、物資の不正隠匿の取り締まりなどに取り組んだが、強引な警察的手法のみですさまじいインフレが収まるわけもなかった。蒋経国のやり方に反発して上海市長の呉国楨は辞表を提出した。また、大手の揚子公司（孔宋一族の関連会社）に対する取り締まりは、宋美齢の介入で尻すぼみになった。金元券改革そのものも、一一月始め挫折してしまった。

このように、中央に引き上げられてからの蒋経国は、至る所で壁にぶつかった。「太子」であることは、「班底」と呼ばれる一定の固定した追随者を得るには十分だったが、この時はそれ以上でもそれ以下でもなかった。

だが、まもなく転機は来た。皮肉にもそれは父蒋介石と国民党の中国大陸における敗北であった。

第二章　「台湾人として生まれた悲哀」

「大正生まれの数奇」という。大正生まれは、人生をどう歩いてもその盛りに戦争にぶつかってしまう戦中派である。

台湾の大正生まれも戦中派ではあり、その人生は疑いも無く「数奇」である。ただ、植民地の子として生まれたかれらにとっては、その戦争が植民地支配国の戦争であったという「数奇」の上に、その植民地支配本国が敗れ、台湾が「光復」(失地の回復の中華的な呼び方)したことによる台湾現代史の激動が加わる。二・二八事件と「白色テロル」(単なる政治的思想的取り締まりの範囲をはるかに越えた共産党狩り)である。台湾の戦中派の教養人が、「大正生まれの運不運光復節」(頼天河作。司馬遼太郎『台湾紀行』より転引)と詠む所以である。

台湾のこうした教養人の多くは、また「日本語人」でもあった。つまり、民族的にも日本人ではなく、国籍の上でももはや日本人ではないが、戦前「国語」として習得した日本語でもって知的感情的生活が営める人であった。かれらがこのように運不運をいうときは、旧制中学や旧制高校でのかつての日本人同窓生の戦後と比べる意識も入っている。「日本にはアメリカが原子爆弾、台湾には中国が蔣介石という爆弾」という言い方さえあるという。

政治家蔣経国に「ソ連経験」があるとすれば、このような台湾人的「数奇」こそ李登輝のぬぐうことのできない原体験である。この原体験がのちの初代台湾人総統李登輝をして政敵の攻撃を予期しつつもあえて「台湾人として生まれた悲哀」を語らしめるのであろう。

1 移民の末《すえ》・植民地の子

李登輝の生家「源興居」

李登輝は、一九二三年一月一五日、台湾北部の台北州淡水郡三芝庄(当時。現在、台北県淡水鎮三芝郷)埔坪の「源興居」に生まれた。父は李金龍、母は江錦。登輝は次男で、二歳年上に長男登欽がいた。

父李金龍は小柄だが精悍な体軀で武道に通じ、李登輝が公学校(後述)四年生の時まで警察官をしていた。母江錦は一七〇センチを超える大柄で、近隣にも有名な声の大きな女性だった。身長一八〇センチ、「下顎が大きく発達し、山から伐りだしたばかりの大木に粗っぽく目鼻を彫ったよう」と司馬遼太郎が形容する李登輝の体格・骨相は明らかに母方似らしい(司馬『台湾紀行』、伊藤潔『李登輝伝』)。

台湾は移民のくにである。李家の先祖は福建省西部永定県の客家で、李登輝から数えて六代前の先祖の時に台湾にやってきた。客家は漢族の一支族であり、客家語を話し、節倹の風に富み、女性が纏足(女性の足を幼時から布で縛って大きくさせないでおくという前近代の漢族に一般的に見られた風習)しないなど、独特の風習を持っていた。台湾では、福建南部の漳州や泉州地域からやってきた、福佬語(閩南語)を話す福佬人に対して、福建西部や広東北部からやや遅れて台湾開拓の列に加わった客家は劣勢であった。

台湾にやってきた李家の先祖は、まず客家の集住地区である現、桃園県龍潭に来たが、李登輝の曾祖父李乾葱の代に、三芝に転じた。三芝は福佬人の土地であり、李登輝の母方の江家も福佬人である。福佬人のコミュニティの中で客家の特徴を失って福佬化した客家を、台湾では「福佬客」という。李登輝の生まれた時の李家はすでにそれであった。俗に台湾語と呼ばれる福佬語が李登輝の母語であり、李登輝は自分が客家の血統であるとの認識はもっているが、客家語は話せない(司馬『台湾紀行』)。

李乾葱はここでまず小作人の口を見つけ、かたわら丘陵地でお茶の栽培をてがけ、やがて三芝郷の埔頭街で精肉店を兼ねた雑貨店を開く小地主になった。そして李乾葱は埔坪に李家の核になる三合院の建設を始め、李登輝の祖父李財生の代で「源興居」が完成したのである。「源興居」は、客家であった李家の祖先の奮闘と文化的社会的適応とが形として実ったものだったといってよいだろう。李登輝はその住居のなかに生まれ落ちたのである。

前章に見たように、蔣経国の青少年時代が性急かつ早熟な「革命政治」に彩られているとすれば、李登輝のそれは、植民地台湾の学校体系をひたむきに上昇していく「勉学」に染められていた。

李登輝が三歳の時、一家は「源興居」から埔頭街の店に移り、李登輝は祖父のはからいで兄とともに、近くの「智成堂」という書房に通うようになった。書房というのは、台湾の漢族社会の在来の民間教育機関で、公学校の普及につれてその数は漸減していた。教える内容は漢字や「三字経」などの初歩的な漢文だったが、この時期のこの書房では簡単な日本語の読み書きも教えていたらしい。

六歳の時、警察官だった父が、台北郊外の汐止に転勤となり、李登輝はそこで初めて公学校にあがった。一年後、父の転勤とともに南港公学校に移り、さらに父が淡水に動くと三芝公学校に移った。そのまた一年後、父李金龍は警察官をやめて家に戻り、三芝の農業組合に勤めながら家業を手伝うことになったが、父は、李登輝兄弟をさらに淡水の知り合いの家に下宿させ、淡水公学校に転校させた。淡水は、三芝から二〇キロメートルほど南にある港町、台北を流れる淡水河の河口に位置して、清朝末期、台湾北部の開港場として栄えたことがあるが、まもなくその繁栄は基隆に移った。

三芝に戻ったにもかかわらず、李金龍が登欽・登輝兄弟を淡水に出したのは、三芝公学校ではあきらかに進学に不利だったからである。公学校には場所によっては六年制ではなく四年制のところもあったから、そのせいかもしれない。

李登輝は、学年があがるにつれ強い向学心を示し、転校を繰り返してきたハンディを克服しつつあったようであるが、難関の中学校受験には間に合わなかった。台北の公立中学校受験に二回失敗、淡水公学校の高等科に一年籍を置いた後、やむなくキリスト教長老教会が設立した私立淡水中学校(現、私立淡江中学）に入学した。

李登輝のこの受験失敗には、注釈が必要だろう。単に個人的に準備が間に合わなかったというだけではなく、そこにはいわば植民地的要素も介在していると思われる。

李登輝が入った初等教育機関は、小学校ではなく、公学校だった。小学校は在台日本人子女のための初等教育機関であり、公学校が台湾人子女向けのものであった。李登輝誕生の前年、一九二二年に、初代文官総督田健治郎のいわゆる「内地延長主義」政策の一環として教育改革が行われ、そこで前者が「国語（日本語のこと）ヲ常用スル者」の、後者が「国語ヲ常用セザル者」の初等教育機関とすると改められたのだが、それでも実態は変わらなかった。小学校は日本人の比較的多く住む都会とその周辺にしか設けられず、台湾人で入学できるのは、地元の有力者か、ごく少数の高等教育を受けた者の子弟のみであった。富豪の子弟では、直接初等教育から日本内地に留学する者も決して例外的ではなかった。李登輝は、家が小地主で父が警察官をしていた時があったとはいえ、そのどちらでもなかった。

「国語ヲ常用セザル者」が入る公学校でも、教科内容は「国語」を身につけることを前提としており、勉強はそこから始めなければならなかった。したがって、各教科の教科書も小学校よりランクの下のものが用いられることが多かった。また、この一九二二年の改革では、「内台共学」が標榜され、中等学校以上は日本本国と同一かつ本国の体系に接続されるものとなっていて、穴場を狙って日本内地からも受験者があった。公学校から公立中学校への進学は、小学校からの受験に比して、受験者本人の条件の他に大きな構造上のハンディが最初から存在したのである（黄昭堂『台湾総督府』）。「国語常用者」である在台日本人子弟は、このハンディからもちろん免れていた。李登輝少年は意識してはいなかったかもしれないが、植民地では、受験競争もまた一種の民族間競争の意味合いを帯びざるを得なかったといえよう。

李登輝は、淡水中学校では、剣道と野球に熱中するとともに、台湾唯一の高等学校(旧制)である台北高等学校を目指して猛烈に勉強した。学生寮の消灯時間後も明かりのある便所の脇に机を持ち出して勉強し、注意してもやめないので舎監が根負けして自習用に教室一つを開放した、というエピソードを自らが語っている(深田祐介によるインタヴュー、『文藝春秋』一九九〇年五月)。

その甲斐あってか、李登輝は卒業を待たず、四年生の時に念願の台北高等学校文科甲類に合格した。中学受験で足踏みした一年は、ここでとりかえしてしまった。李登輝のこの受験奮闘史には、挫折にめげない、頑固で粘り強いその性格の一端が、早くもうかがわれる。

2 戦争の影

李登輝の淡水中学校入学は一九三六年。日本ではこの年、「皇道派」青年将校によるクーデター未遂事件(二・二六事件)を契機に一気に軍部の支配が強まり、中国では、西安事件をきっかけに対日抗戦の態勢が急速に整えられた。そして翌年、ついに日中全面戦争が開始される。

台湾では、同じ三六年、総督が内務官僚出身の中川健蔵から小林躋造に交代した。小林は予備役とは

日本統治下「皇民化」時期の台湾

いえ海軍大将であり、「皇民化、工業化、南進基地化」を掲げて植民地の戦時体制作りに邁進した。これからが台湾近代史のいわゆる「皇民化期」である。

これに先立つ台湾の第一次世界大戦後から一九三〇年代初めまでの十数年は、日本本国の「大正デモクラシー」に誘引され、中国の「国民革命」に刺激されて、台湾社会に初めて登場した近代教育を受けた知識人たちが、植民地支配に対する様々な政治的・社会的・文化的抵抗の試みを行った時期であった。帝国議会に台湾議会の設置を求める植民地自治運動から共産主義運動までの政治運動、「蓬萊米」作付けで製糖会社に対するバーゲニング・パワーを得た農民を組織した台湾農民組合の運動、中国白話文から台湾話文（福佬語の漢字書写文）、ローマ字文（福佬語のローマ字書写文）まで新たな書写方式を試した文化・文学運動、『台湾青年』・『台湾』・『台湾民報』・『台湾新民報』と発展した自前の活字メディアの構築、などなどである。

それは、植民地権力との関係でいえば「抵抗と弾圧」の一〇年、台湾人自身の歴史から見れば、台湾社会初代の近代知識人たちが自前の近代の可能性を試した「疾風と怒濤」の時代だった。

そして、三〇年代初めの台湾共産党弾圧を始めとする弾圧の強化でこれらの試みが一つ一つ挫折すると、再度の軍人総督とともに「皇民化」の時代がやってきた。一九二〇年代の「疾風と怒濤」を担ったのは、一八九五年前後から一九一〇年前後の頃までの生まれの人々であった。一世代近く遅れて生まれた李登輝にはその余波も及ばなかったようだが、戦争の荒波は確実に李登輝もその家族をも襲うこととなる。

淡水中学校はミッション・スクールであったが、深まる軍事色から無縁でいられず、軍事教練は強化された。戦勝提灯行列の類に生徒たちも駆り出されて淡水の町を行進したのであろう。

台北高校進学は、一九四〇年であった。旧制高校生徒は、帝大進学確実の明日のエリート予備軍だけあって社会もそのような眼で見、世間から一線を画したバンカラで自由な校風を享受できた。李登輝自身も「旧制高校の生活は実に楽しかった」と回想している。ただ、軍事教練の手榴弾投擲で肩を痛め、以後好きな野球ができなくなった(深田、前掲インタヴュー)。

その間にも、小林躋造の「皇民化」は、新聞の漢文欄の廃止、「国語」常用運動、漢族的寺廟の廃止、神社参拝の強制、旧正月行事の廃止など、民族文化に直接手をつける勢いで進められていた。四〇年の二月には、台湾人が日本式姓名を名乗ることが「許される」という「改姓名」運動が始まった。翌四一年、日本に第二次近衛内閣ができて、大政翼賛会が作られると、台湾でも総督を総裁とする皇民奉公会が作られた。

台湾人の実際の戦争動員も、小林総督のもとで軍夫・徴用が始まっていたが、太平洋戦争勃発後は、

京都帝国大学時代の李登輝．1943 年

志願兵制度施行（陸軍四二年開始、海軍四三年開始）という形で兵士としての動員も始まった。当時軍部が喧伝した「高砂義勇隊」は、陸軍特別志願兵として徴集した先住民族一八〇〇名余を編成したものであった。志願の制度とはいえ、中には「志願させられる」例もあったことを近年の研究は示している（近藤正巳『総力戦と台湾』）。そして、一九四五年敗戦直前に、衆議院選挙法延長施行による制限付きの国政参政権付与と引き換えのようにして、ついに徴兵制が施行された。

三芝の李家からは、長男の登欽が志願兵として陸軍に徴用された。登欽はすでに結婚して二児をもうけていた。次男は高等学校在学中であった。かつて父李金龍が警察官をしていた李家としては、やむない選択だったのだろうか。登欽はフィリピン前線に送られ到着まもなく消息が途絶え、以後「行方不明」とされていたが、戦後だいぶ経ってから日本政府から「戦死」との知らせがあったという。母江錦は心労の末、戦後の四六年、次男登輝の無事帰国を見届けるや他界している。

こうして、家族にも戦争の圧力がのしかかろうとしていた一九四二年秋、李登輝は京都帝大農業経済学科に進学した。この選択には台北高校の恩師塩見薫の「中国史」の講義が影響している。塩見の講義は、最初の一コマで春秋戦国時代から阿片戦争までを講じてしまい、そのあと一年間かけてそれ以後を講義するという個性的なもので、この授業で李登輝は「初めて近代中国の受難というものを学」ぶ「強烈な体験」をした。そこで中国に関心をもち「中国を解決する最大の鍵は農業問題にある、それなら農業経済を学んで満州にゆこう、そう考えた」という。李登輝はまた子どもの頃、三芝の小地主であった父の所に小作契約の延長を懇願に来る農民の必死の様子を目にしている(深田、前掲インタヴュー)。農民という境遇への同情と「近代中国の受難」の認識が結合してこの選択となったということであろうか。

しかし、当面はこうした志望もナイーヴな夢であった。京大で勉強できたのは、一年二カ月のみだった。この間李登輝は吉田神社近くの学寮に住み、悪化する一方の食料事情に悩ませられながら、「農業簿記」を習ったり、密かに河上肇やマルクスなどの社会主義関係の本を読んだりしていた。自身後によく話題にする京都学派の哲学者西田幾多郎の著作に本格的に触れたのもこの頃だったろう。

だが、戦局の逼迫により、文科系学生の学徒出陣が決まり、台湾出身者は四四年一月入隊となった。関東にいた者は水戸と会津若松の部隊に配属され、関西以西にいた者三六名は台湾の部隊に入隊となった。日本の部隊に入るか台湾の部隊かと問われて、皆が台湾出身だから台湾を守ると答えたのでそうなったと言う。

この時はまだ台湾には兵役法は施行されておらず、実質有無を言わせぬものでも形式は志願の入隊であったから、これを拒否する者もいた。李登輝と同年で東京帝大政治学科にいた彭明敏がそれである。彭は志願の強要を避けるため学校には出られなくなり、まず友人を頼って松本に行き、さらに長崎で医師をしていた兄を訪ねていったところで米軍機の爆撃に遭い、左腕を失った(彭明敏『自由的滋味』)。

李登輝と彭明敏は、戦後の台湾大学で知り合い、政治・社会問題を語り合う親しい友人となっている。

彭は、その後カナダとフランスに留学、当時まだ未開拓の宇宙法の世界的権威となり、蔣介石に気に入られて若くして台湾大学政治学科主任にまで抜擢されるが、一九六四年に国民党政権を正面から批判する「台湾人民自救宣言」を起草して、長く海外亡命を余儀なくされた。その後は逆に李登輝が蔣経国に見出され、農業担当無任所閣僚から副総統、総統にまで上り詰めることとなった。彭明敏は、李登輝の総統就任後に徹底した政治自由化により帰国、一九九六年の歴史的な総統直接選挙を野党の候補となって李登輝と競ったのであった。

話を元にもどす。志願を拒否した彭明敏は左腕を失ったが、志願した李登輝たちも死とすれすれのところにいた。台湾で入隊することになった三六名は、門司から輸送船に乗ることとなったが、音楽好きの楊克智という大阪外国語学校(現、大阪外語大)の学生が音楽喫茶でクラシック音楽に聞き惚れて集合時間に遅れ、一行は二日遅れの輸送船で台湾に向かった。ところが、当初乗る予定だった輸送船は、アメリカの潜水艦の攻撃で九州の五島沖で撃沈されてしまったのであった。李登輝の総統就任後、楊克智は「総統の命を助けた男」と昔の仲間からからかわれているそうである。

台湾での訓練で、「岩里政男」(父李金龍は警察官だったとき岩里龍男を名乗り、李登輝が公学校に上がるときにこの名を与えたという。日本は植民地には戸籍法を施行しなかったから、これらの名は植民地人としての通称であったと思われる)こと李登輝は、「甲種幹部候補生」となって、再び日本にもどり千葉の高射砲部隊に見習士官として配属された。そして、そのまま戦場におもむくことなく日本の敗戦を迎えたのである(台湾通信編集部「李登輝総統　その台湾と日本」『台湾通信』一九九五年九月一四日)。

3　二・二八事件

一九四五年八月一五日、日本の無条件降伏を伝える「玉音放送」はもちろん台湾でも聞かれた。日本の敗戦とともに、台湾は半世紀にわたる日本の植民地支配から離脱して中華民国の一省(台湾省)に編入されることとなった。

李登輝は、陸軍を除隊し、また学生に戻ったが、国籍は変わった。日本に残って学業を続けるべきか、台湾に戻るべきか。敗戦時日本にいた台湾人は約三万、うち約八〇〇〇がその後帰国したといわれる。

李登輝は帰ることにした。四六年春、日本政府が米軍から借りて台湾人学生の輸送にあてた戦時標準船で帰郷したのである。この戦時標準船には李登輝ら大学生の他に神奈川県厚木の海軍工廠に徴用されてきていた少年工も乗っていた。前述の彭明敏は兄一家とともに同年初め、引き揚げ船氷川丸で基隆に着いている。

その年の夏、李登輝は台湾大学農学院農業経済学科に編入学した。国府が日本の帝国大学に在学していた学生の台湾大学無試験編入を認めたためである。該当する者は、三十数名いた。台湾大学は、一九二八年創立の旧台北帝大を国府が接収・改変したものである。彭明敏によれば、戦後日本人の教授はほとんどが引き揚げてしまい、中国大陸からやってきた教授は自然科学方面が多かったので、文科系では当初学科の体をなさない部分もあって、学生が自分でカリキュラムを組み、講師を探してきたこともあったという(彭明敏、前掲書)。

農学院農業経済学科では李登輝と同期の学生は二人きりで、教授が学生よりも多かったという。ここで、李登輝は徐慶鐘という恩師に出会っている。徐は、台湾出身の客家で、台北帝大農学部卒業の育種学の権威であった。後に農政から入って国民党政権に重用され、政治的にも李登輝の庇護者の一人となっている。

故郷台湾に戻るや、李登輝は連続して家族の不幸に見まわれた。前述のように生母が逝き、まもなく可愛がってくれた祖父も他界した。世間では南方戦線からの復員が続いていたが、兄登欽は行方不明のままだった。日本の戦争に兵士として動員された者(志願兵・徴兵とも)陸・海合わせて八万強、うち戦死二一四六名。

日本の戦争が終わって背負わされたその重荷の重みがどっとおしよせる。そして、その重荷をわきにどけるまもなく、思いがけずも新しい重荷、「光復」の重荷が李登輝のみならず全台湾に覆い被さってくる。李登輝の再度の求学生活を彩ったのは、肉親が、友人どうしが引き裂かれる時代のこうした暗い色調であった。

しばし、戦後初期の台湾現代史の激動を見ていかねばならない。

日本政府がポツダム宣言を受諾すると、連合国最高司令官マッカーサーは、中国大陸と台湾にいた日本軍に対して中国戦区最高司令官蔣介石への降伏を命じた。蔣介石はただちに陳儀を台湾省行政長官兼台湾省警備総司令に任命、台湾における降伏接受を命じた。

これより先、一九四三年一一月のカイロ宣言は、対日戦勝後の台湾と澎湖諸島の中華民国返還を謳っており、当時重慶にあった国府は、これを受けて中央設計局内に台湾調査委員会を設けて台湾接収に備えていた。台湾の光復が決まると、陳儀は重慶で行政長官公署の要員を任命して台湾接収組織の中核を編成し、四五年一〇月五日、「前進指揮所」を台北に先行させて準備を開始した。同一七日、国軍第七〇軍と行政長官公署官員が進駐、遅れて二四日には陳儀自身が台湾到着、翌二五日、台北公会堂(後の中山記念堂)で台湾受降式典が行われた。陳儀は蔣介石の代理として、日本軍第一〇方面軍司令官兼台湾総督安藤利吉から降伏を受けるとともに、台湾と澎湖諸島の中華民国編入を宣言し、台湾省行政長官公署を正式に発足させた。以後この日が「光復節」となる。

当初、台湾人は「光復」を歓呼して迎えた。「祖国」軍・政府人員の歓迎アーチが各地に飾られ、街には戦時中のいわゆる「皇民化」政策により抑えられていた漢族的色彩が一挙に復活した。インテリは争って旧い「国語」(日本語)にかわる新しい「国語」(中国共通語)の勉強を始め、「三民主義の模範省」としての台湾の新生に期待を高めた。

しかし、歓喜と期待は急速にしぼみ、間もなく失望、そして怒りへと変わっていった。

国府は、台湾の特殊な歴史を理由に大陸と同様の省政府制をとらず、中央政府に任命された行政長官には行政・立法・司法・軍事の権限を一手に握る独裁的権限が与えられていた。そのいわば新しい台湾

国府軍の台湾入りを歓迎する台湾の学生たち．1945年10月

総督の下で、まず旧台湾総督府機構と「敵産」(日本資産)の接収が行われた。

接収は、その過程においても結果においても、土着の台湾人(今や「本省人」と呼ばれた)を排除して行われた。行政長官公署の要職には、戦前から大陸に渡り国民党と関係を持っていた数人の台湾人(いわゆる「半山」)を除いて台湾人は採用されず、新規渡来の大陸人(「外省人」)が大部分を占めた。日本資産は、日本本国資本の比較的規模の大きい企業のみならず、この時点では日本人の地場中小企業に至るまでが公営化されて、大陸人国民党官僚が実権を握った。

接収はまた、単なる敵資産の移管の範囲を遥かに超えた台湾社会そのものからの富の略奪をともなった。工業設備や戦時中備蓄されていた米や砂糖が、投機のため上海に売り飛ばされた。行政長官公署は、行政費捻出を紙幣増刷にたより、また日用品が日本から入らなくなったため盛んとなった上海との貿易を通じて、大陸のインフレが台湾にも波及し、民衆の生活は急速に悪化していった。特に、四六年一月に米の配給制度が廃止され、軍が大陸での内戦をまかなうため大量かつ強制的な米の買い付けに乗り出したため米不足と価格急騰が生じ、

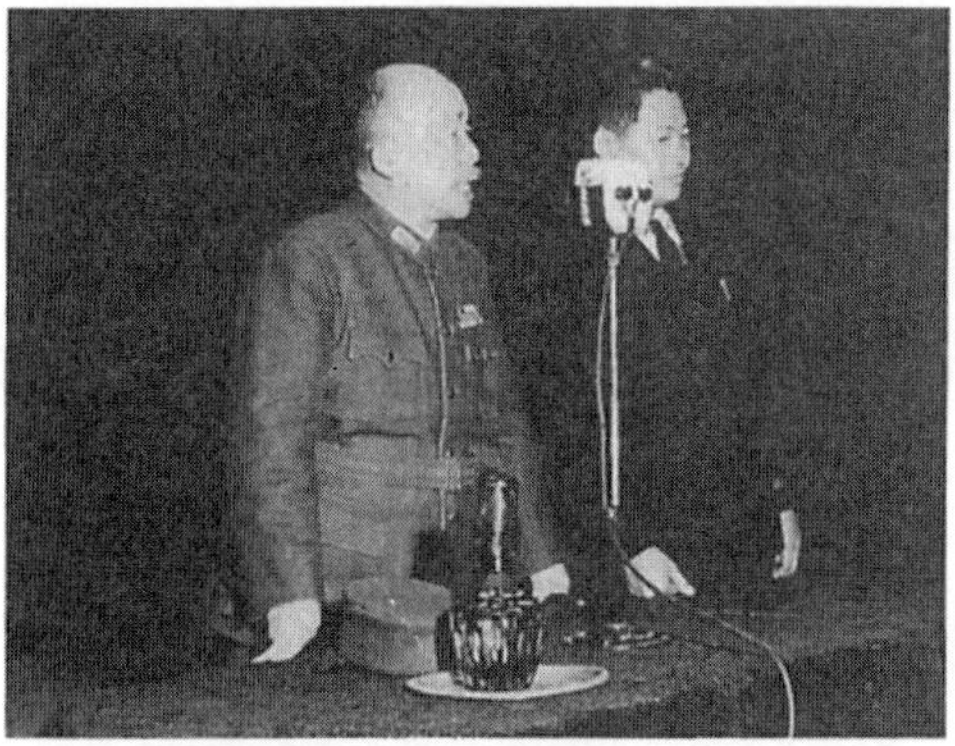
台湾省警備総司令・陳儀(左)，1945年

民衆の生活を直撃した。大陸の東北地区などと同じように、接収は「劫収」(強奪の意。接収と中国語の発音が同じ)と呼ばれるようになった。

過酷だが規律のあった日本人官吏・警察官などにかわり、無規律の兵士・警察官、腐敗・無能の軍官・官吏が流入して、社会秩序は一気に悪化した。伝染病隔離体制が崩れ一九二〇年代以来途絶えていたコレラの流行がぶりかえしたのは、その端的な現れである。社会の風紀も悪化し、もともと存在しなかった学校の先生に付届けをする陋習までがはびこりはじめた。

中国大陸での共産党との本格的闘争に備えなければならなかった蒋介石には、比較的良質な部隊と官吏を陳儀につけてやる余裕はなかった。植民地支配から解放された台湾民衆の「祖国」への期待と戦後中国大陸の現実とのギャップは大きかったのである。

台湾人の怒りは高まった。「犬(日本人=小うるさいが家の番には役に立つ)が去って豚(大陸人=ただ喰って寝るだけだ)が来た」といった悪口が広まり、インテリはペンをとって当局批判を始めた。これに対して大陸人官僚は「日本による奴隷化教育」を受けた台湾人の認識不足を言い立てて、両者の溝は深まるばかりであった。

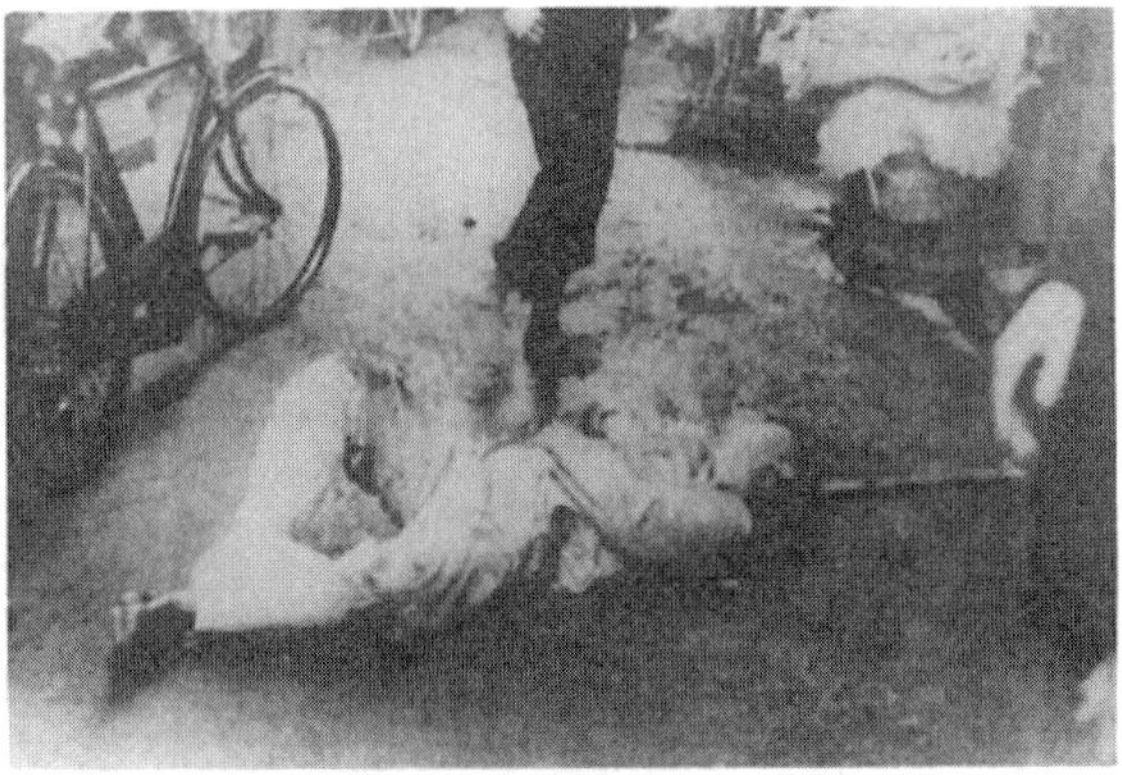
二・二八事件での光景．1947 年

二・二八事件はこうした状況下で勃発した。一九四七年二月二七日、台北市内でヤミ煙草売りで生計を立てていた寡婦を取り締まりにきた省専売局職員が乱暴を働いたことから民衆との衝突がおき、民衆の一人が専売局職員の威嚇射撃の流れ弾に当たり死亡した。翌二八日、行政長官公署に抗議に赴いた民衆に警備兵が発砲、死傷者が出た。

これをきっかけとして全台北市は暴動状態となり、激昂した民衆が大陸人と見れば殴打する局面も生じた。民衆はさらに台北の放送局を占拠、全島に対し決起をよびかけ、まもなく主な都市で台湾人が警察をおさえ、駐屯地にたてこもる軍と対峙する局面が生まれた。台北を始め各地にインテリと地方有力者などにより二・二八事件処理委員会が作られ、陳儀に対して貪官汚吏の逮捕、行政長官公署の廃止、省自治の実施、行政・司法・軍事各方面における台湾人の登用などの要求を突きつけた。

だが、蜂起が起こった時、かつて日本の総督府警察の効果的チェックにより政治組織を発達させることができず、陳儀らをいったんは解放者として迎えた台湾人は、国民党を相手に戦う準備はほとんど無いに等しかった。一観察者は「計画的な反乱でなければいけないものが、自然発生的に、統率者なしに、そして損害の多い結果を伴って勃発した」と述べている(ジャック・ベルデン『中国は世界を揺るがす』)。

陳儀は、いったん敷いた戒厳令を解除するなどの表面上の譲歩で時間をかせいだ後、三月八日大陸から蔣介石が送った援軍が到着するや、徹底的な弾圧をもって未熟のまま爆発した反乱に応えた。警察の武装解除から生まれた台中の武装勢力「二七部隊」なども有効な抵抗ができず、一二日には中部山地入口の町埔里まで撤退して自ら解散した。中央政府は一七日、国防部長の白崇禧を「宣撫」に派遣、都市部での殺戮は表面上収まった。しかし実際には、以後九カ月にわたって「清郷工作」(事件参加者摘発ローラー作戦)が続けられた。

台湾民衆の「官逼民変」(暴政が民に反攻を余儀なくさせる)が、準備のないままインテリの民主と自治を求める運動を誘発し(「台湾七日民主」)、国民党政権の報復によって報いられたのが、二・二八事件であったといえよう。

4　省籍矛盾、そして「白色テロル」

四月、国府は、行政長官公署を廃止し省政府に改組、陳儀を解任、魏道明を政府主席に任命し、省政府委員に七名の台湾人を加えた。「台湾七日民主」の要求の一部が実現したことになる。しかし、その代価はあまりにも大きく、台湾社会は深い傷を負った。

一つは、人材の喪失である。死亡したのは、中央からの増援軍の街頭無差別機銃掃射で倒れた不運な民衆や、銃を取って刃向かった学生たちばかりでなかった。弾圧は、事件で何らかの役割を果たした者も、あまり積極的でなかった者も含めて、地方議会議員、医師、弁護士、新聞記者、教師などの社会エリートもターゲットとなった。これによって、台湾社会は戦前から植民地的差別に抗しつつ貯えてきた人材の最良部分が失われたのである。ある台湾人の年配の作家は「(二・二八事件と五〇年代前半の「白色テロル」を経て)わたしの世代で今まで生き残っているのは二流以下の人材だ」と筆者に語っている。

事件の犠牲者の確たる総数はまだわかっていないが、一万五〇〇〇から二万八〇〇〇というのが、一九九二年の行政院同事件調査報告書以来一般に概ね受け入れられている数字である。

また、弾圧は恐怖による政治教育でもあった。ジャック・ベルデンは「蔣介石政府がかれらの支配の確固たる武器としてテロルを使った」「このテロル政策はききめがあった。台湾人たちは、ほとんど完全に威嚇され」「もはや自分たちの力量を信用していなかった」と観察している(ベルデン、前掲書)。作家の呉濁流は、台湾人エリートの態度に分化が現れたと指摘している。「超越派」は政治に絶望して見ざる聞かざるの態度をとり、「妥協派」は態度を一八〇度変えて政府にすり寄り、態度を変えない「理想派」もその後に激しくなっていった「共産党狩り」の前に沈黙するばかりであった(呉濁流『台湾連翹』)。

第三は、「省籍矛盾」である。「光復」後台湾にしかれた行政長官公署という「特殊制度」は、台湾人から見れば植民地時代の構造の再来であった。その「特殊制度」をまずは新たに大陸からやってきた外省人が満たし、いまや本省人と呼ばれるようになった台湾人はその下に置かれた。外省人がこのことを「日本教育による本省人の奴隷化」を言い立てて合理化したことが、二・二八事件の誘因の一つであった。

前述のように、事件後「特殊制度」は廃されたが、両者の間の不平等の構造は変更されなかった。それどころか、「官逼民変」の過程で大陸人への無差別殴打も発生し、「七日民主」の後には台湾人に対する残虐な報復的弾圧があって、両者の溝はいっそう深くなった。呉濁流は「このような恐怖政策を実施したので、民心は離れ、同床異夢、本省人と外省人の心理の隔たりは日本時代の本島人と日本人の関係のようになってしまった」と述べている(呉濁流、同前)。二・二八事件で決定的になったこのような外省人と本省人の溝を、台湾では「省籍矛盾」と呼ぶ。

「省籍矛盾」は、戦後台湾社会が抱え込んだ最大の社会的亀裂である。一九四九年一二月、中国大陸での内戦に敗れて蔣介石が台湾に中央政府を移転、これとともに一〇〇万を超える移民が台湾に流入した。その結果、台湾省政府の上にほぼ同じ領域を統治する中央政府が屋上屋を重ね、各級政府機関は再び冗員であふれ、台湾人の政治面での「二等臣民」的地位は固定化された。中国の分裂国家化により、混乱と恐怖の中で、「省籍矛盾」は再度構造化されていったのであった。

これと前後して五〇年代中頃まで、共産党摘発を名目に再び国家による政治暴力の嵐が荒れ狂った。これは、中国大陸での内戦で国民党が劣勢になってゆくにつれて、共産党の影響力が青年学生を中心に広がり始めたためでもあったが、大陸を失いつつあった蔣介石の台湾確保のための政治的布石として始められたものでもあった。二・二八事件で成果を収めた「恐怖による政治教育」が、土地改革などのアメに対応するムチとして必須とされ、国民党の台湾における支配体制が落ち着く五〇年代半ばまで続いたのである。これが台湾現代史上の「白色テロル」である。

李登輝は、一九八八年の総統就任以後も、戦後初期から五〇年代にかけての自分自身についていまだに具体的に語ろうとしていない。

二・二八事件については、李登輝は、自身との関わりについて、二月二八日淡水から汽車で台北駅に着いたところで異様な騒ぎに出くわして、事件の発生を知った、自分も被害者である、という発言しかしていない。大陸からの援軍が到着して弾圧が開始されてからは、三芝の生母の実家に避難していたという。

一九八八年二月、蔣経国前総統の死去後、副総統から総統に昇進した後の初めての記者会見で、「現在四〇歳にならない人が『二・二八』を論じているのが、私には不思議でならない。……当時の状況や、発生した数多くの事柄については、われわれは歴史家の研究に委ねるべきではないのか。なぜ、いまごろになって、この問題を持ち出し、『二・二八を忘れるな』だの、『平和デー』だのと扇動するのであろうか」と述べて、台湾人の識者から反発と失望をかっていたが、これがかれの本意でないことは、その後九〇年六月に行政院に対し、事件の調査研究、犠牲者遺族の慰撫などを指示したことからも明らかである。

二・二八事件について語るのは、権威主義体制下では長くタブーであり、見直しの声が公然とおこったのは、ようやく四〇周年にあたる八七年の二月のことであった。筆者は、国民党の要職にあった台湾人に、この時なぜ李登輝はこんな発言をしたのかと後に尋ねたことがあるが、「李総統は丸腰で総統府に入ったのですよ。あの時点で二・二八事件の見直しなどを口にしていたら、命はなかったでしょう」との答えが返ってきて、今さらながらに、このタブーの厳しさを、また台湾人総統李登輝がいかにこの問題を用心深くハンドリングしてきたかを感得したのであった。

そして、九五年の二月二八日には、台北市の公園内に建てられた記念碑の序幕式で、李登輝はついに国家元首として犠牲者遺族に謝罪し、「私自身も二・二八事件を体験してきました。勃発しなくてもよかったのに勃発してしまった、拡大しなくてもよかったのに拡大を免れなかったこの歴史の悲劇に、私も長年深く心を傷《いた》めてきたのであります」と述べたのであった(『原典中国現代史　第七巻　台湾・香港・華僑華人』)。

二・二八事件記念碑の序幕式で国民に謝罪する李登輝. 1995年2月28日

より謎が深いのは、李登輝と共産党との関わりである。

台湾大学在学中に、李登輝は共産党の外郭組織の「読書会」に参加し、さらに入党して「中国共産党台湾省工作委員会台湾大学法学院支部」に属してい

李登輝と曾文恵の結婚写真．台北市の新居の前で．1949年

た、との説があり、李登輝の紹介で入党し、後に逮捕された人物の「李登輝」の名入りの判決書のコピーまでが李登輝の批判者側から公表されている。李登輝自身は何も語らず、その他にも決定的な証拠は現れていないので、真相は不明というしかないが、今のところ、参加してもせいぜい「読書会」程度まで、という伊藤潔の推論が妥当のように思われる（伊藤『李登輝伝』）。

李登輝は、一九四九年二月同郷の曾文恵と結婚、そして八月、台湾大学農業経済学科を卒業した。法学院学生だった彭明敏は一年早く卒業、政治学科助手に採用されていた。二・二八事件後、李登輝のように台湾大学の学生の多くが台北を離れて避難し、共産党に関係した者は香港などに密航し、もと日本の大学にいた者も、密航して日本に逃れた。事件収拾後も恐れて大学に出ない学生もあり、彭明敏、李登輝らとともに卒業できた学生の数はだいぶ減少していたに違いない。

この間、五月一九日には、その後三八年間続くことになる戒厳令が公布される。後述のように、下野した蔣介石の台湾撤退準備の一環であった。

李登輝は、卒業と同時に農学院の助手に採用されて、本格的に社会に足を踏み出す。李登輝の五〇年代と六〇年代は、台湾大学で教鞭をとりつつ、農業政策の調査・立案に携わった農経テクノクラートの時期であった。ただ、共産党との関わりが「せいぜい読書会程度」であったとしても、「白色テロル」とそれに続く政治警察の時代には、この若き学究にして農経テクノクラートが、政治警察の要監視人物となるのに不足はなかった。そして、その政治警察の元締めこそ父蔣介石とともに海を渡ってきた蔣経国であった。

第三章　権力の旅へ

蔣経国は、江西省の田舎で静かな政治的デビューを果たした後に中央に引き上げられたが、その後は挫折続きであった。皮肉にも、蔣経国のさらなる政治的上昇は、中国大陸での父蔣介石と国民党の敗北によって、政権の台湾への撤退以後に可能となった。

それは、蔣経国を台湾政治家たるべく運命付けるものでもあった。台湾時代を語らずとも父蔣介石には歴史上の位置はあるが、その子蔣経国にとっては台湾こそがその政治家としての舞台であったのである。

内戦敗北による蔣介石自身の政治的危機は父子の距離を縮め、敗北と台湾撤退は国民党陣営の複雑な派閥関係を単純化し、領袖蔣介石への求心力は逆に高まった。折から、朝鮮戦争が勃発、アメリカの援助も再開されて、国民党は台湾で息を吹き返す。

蔣経国の台湾最高権力への旅はそこから始まった。蔣経国は、蔣介石から「裏」の権力(特務機構と「政工系統」)をまかせられ、非正規機構(中国反共救国青年団=救国団)で「班底」を培うことを許された。大陸で挫折を続けた「太子」は、台湾では権力機構にしっかりと根を張っていくのである。

1　台湾撤退

一九四六年夏から本格化した国共内戦では、共産党が、その支配地区で地主の資産を没収し農民に分配する「土地革命」を実施して、基盤を拡大していった。国民党も土地の権利の再分配を目指す「地権平均」の理念を持っており、政府内にこれに対応する土地行政(「地政」)部門を作り上げていたが、実際の成果は微々たるものであった。

そこで、内戦期には国民党は、辛亥革命以来長く待たれた「憲政」を実施に移して、統治の合法性を固めようと試みたのである。この場合の「憲政」とは、「軍政」(革命直後の軍政府による革命独裁)から「訓政」(国民党の開明独裁。この間地方自治の実施により「憲政」実施に向けて人民を訓練する)へ、さらに「憲政」(国民党独裁の解消、憲法の制定、人民への普通選挙権の付与)へという、「国父」孫文の国家建設段階論の最終段階を言う。

蔣介石・国民党は、憲法制定の国民大会を開催して四六年末に、国家元首たる総統の下のユニークな五院体制(行政院・立法院・監察院・司法院・考試院)を定める「中華民国憲法」を制定し、さらに四七年から四八年にかけて「中央民意代表」(立法委員、監察委員、国民大会代表)選挙、およびその新規選出の国民大会による総統・副総統の選出(蔣介石・李宗仁が当選)、さらに総統による行政院長(首相に相当)の任命とこれに対する立法院による「同意権」の行使などが行われた。このこと、つまり憲法に則った政府の編成が行われたことが、のちに「法統」と呼ばれ、国民党が共産党政権を不法な存在とし、自らを中国唯一の合法政権と主張し続ける根拠とされた。

通常ならば祝福されたであろう、この生まれたばかりの「憲政」の境遇は悲惨だった。そもそもの憲法制定からして、内には国民党内派閥闘争にまみれ、外には共産党が反対、インテリを基盤とした第三勢力の中心的存在であった中国民主同盟にもボイコットされた。加えて、蔣介石・国民党自身も、共産党軍と内戦中という理由で、四八年国民大会は早速に憲法一部分を棚上げにする「反乱鎮定動員時期臨時条項」なるものを制定し、選出されたばかりの蔣介石の権限を強化して、みずから「憲政」を実質的に骨抜きにした。「反乱」とは言うまでもなく「共匪」=共産党の「反乱」である。ちなみに、まもなく台湾に持ち込まれたのは、この憲法プラス「反乱鎮定動員時期臨時条項」の枠組み、いわば内戦モードの「中華民国」の枠組みであった。四九年以降、「反乱鎮定動員時期臨時条項」は増訂され、四九年五月施行の戒厳令(後述)は恒常化され、この恒常化された内戦態勢は、国民党の実質的一党支配と相まって、戦後台湾独特の権威主義的政治体制を構成することになる。

「憲政」の実施も国民党の窮状を救わなかった。異議申し立てするインテリや学生への苛烈な弾圧も効果は上がらず、加えて天文学的インフレの昂進で国民党支配地区の経済は崩壊していった。四七年夏、共産党軍が戦略的反抗に転じ、国民党軍は持ちこたえることができず敗退を重ね、四九年一月末にはついに共産党軍が北京に入城した。批判に押されて同月、蔣介石は総統職からの「下野」を宣言、副総統の李宗仁が代理総統となって共産党との和平交渉にあたったが、すでに国民党政府打倒を決意していた共産党の前に為すすべなく、四月、南京が陥落して内戦の勝敗は決し、一〇月一日、毛沢東は北京の天安門で中華人民共和国の成立を宣言した。

しかし、この時国民党の残余勢力を掌握していたのは、李宗仁ではなく「下野」したものの国民党総裁として実権を手放さなかった蔣介石であった。蔣介石は、大陸各地の残余部隊の督戦に飛び回るとともに、最悪の場合台湾を根拠地とする決意を固め、この間ぬかりなく台湾撤退への布石を打っていた。

要は人事であった。腹心の陳誠将軍に台湾を掌握させたのである。陳誠(一八九八—一九六五)は、保定軍官学校出身で黄埔軍官学校教官時代に校長蔣介石に見いだされた。いわゆる「黄埔」閥の代表的軍人で、内戦期には参謀総長として東北地区の大勢挽回につとめたが成果あがらず、参謀総長を辞任、持病の胃潰瘍の手術の予後を台北で養っていた。蔣介石は、下野に先立つ四八年一二月末、その陳誠を台湾省主席に任命、四九年二月には台湾警備総司令を、三月には国民党台湾省党部主任をも兼任させた。

陳誠

蔣介石自身も、八月初め国民党総裁として台北に総裁弁公室を開設、その一方で蔣経国らに指示して、米国の援助物資の台湾集積、国庫の黄金・銀貨・米ドルの台湾移送などの措置をとり、さらにその直系部隊の一部の台湾撤退を開始した。次男蔣緯国の装甲師団が早くも二月に撤退したのをはじめ、蔣介石の下野期間に約三〇万の部隊が撤退した。

陳誠の第一の任務は、台湾の内部固めであった。五月一九日には台湾地区全体に戒厳令を施行、治安確保に鉄腕をふるった。この戒厳令が、以後三八年間続く世にも稀な長期戒厳令となったのである。また、台湾にも波及して猛威を振るっていたハイパー・インフレーション克服のため思い切った通貨・金融政策が採られた。六月一五日、台湾元と大陸の法幣との兌換が停止され、同時に台湾元四万元を新台湾元一元とするデノミネーションが実施され、貨幣の過剰な流動性を吸収するため、定期預金金利の四倍引き上げなどの措置もとられた。

さらに、農民の小作料を一律三七・五%に引き下げる、いわゆる「三七五減租」も断行された。これは陳誠が行政院長就任後その指揮のもとで引き続き推進された農地改革の第一段階であった。また、これも実施は陳誠の行政院長時期となる「地方自治」の立案も、この時期に開始されていた。こうした「アメ」の政策の実行者になったことが、陳誠をいまや分裂国家の一分裂体となった台湾のナンバー2に押し上げていく。

陳誠のもう一つの任務は、大陸からの党・政・軍の撤退を統括することであった。このため、陳誠には台湾に撤退してくる中央政府機関に対する指揮・監督権が与えられ、八月には、江蘇・福建・広東をも管轄する東南軍政長官に任じられた。この間に、南京・上海・福州が陥落していた。陳誠の統括の下で、台湾と大陸間の民間の移動は封鎖され、次々と敗走してくる軍隊の受け入れが行われた。部隊が台湾に渡るには、陳誠により事前に武装解除・再編が行われ、かつ蔣介石直系の部隊が優先された。蔣介石にとって実は長年の課題であった国軍の再編が、皮肉にも台湾への敗走ルートの独占によって実現したのである(松田康博「中国国民党の『改造』」)。ちなみに、この時定められた民間人の海外渡航規制は、戒厳令と同じくその後も長く維持されて、一九七八年末にようやく緩和された。

陳誠に台湾と台湾への退路をまかせるのは、蔣介石として全く賭けの要素がなかったわけでもない。四九年二月、南京のアメリカ大使館筋から台湾の陳誠に「自立」を促す密使が飛ぶという一幕があったらしい（孫宅巍『陳誠晩年』）。ことの詳細は不明だが、結果から見て陳誠が動じなかったことは明白である。蔣介石の判断は正しかったことになる。

ただ、大陸での戦争に関しては、蔣介石の精力的な督戦もこの期に及んでは何ら効果は無かった。結局、中華民国中央政府（以下、台湾移転後の同政府を慣例に従い、時に国府と称する）は、南京陥落後、広州・重慶・成都を転々としていたが、一二月七日、台北移転を決定、翌八日、総統府と行政院の官僚が成都より台北に到着、九日より事務を開始した。代理総統李宗仁は一一月、香港に脱出して職を放棄していた。立法院と監察院は八月中に台北に事務所を開設していた。また、同じ頃特務機構の再編が秘密裏に開始され、八月中に台北に「政治行動委員会」（別名「革命行動委員会」）が設けられていた。

蔣介石自身は、成都部隊の共産党側への寝返り阻止に失敗したのを最後に、一二月一〇日、蔣経国らを伴って成都より台北の松山空港に飛来、翌一一日、国民党中央党部が台北で事務を再開した。以後、なお実効統治下においていた金門・馬祖などの福建沿岸の島嶼を除いて、蔣父子が中国大陸の土を踏むことは無かった。

蔣経国は、蔣介石の「下野」以後ぴったりとその身辺に寄り添い補佐していた。父の敗北により蔣経国はごく自然にその筆頭の側近の位置を確保できたことになる。かつて生母を嫌い離別した父、余儀ない環境だったとはいえかつて公然と父を政治的に非難した長男——蔣介石父子の間の心理的距離は、それまでそれほど近くはなかった。だが、危機は父子をかつてないほどに近づけた。

2 起死回生

これより先、共産党の第三野戦軍は、台湾とも歴史的関係の深い福建南部の廈門《アモイ》島を占領、ついでその向かいの金門島を攻撃したが失敗して、海への進撃をいったん止められた。戦後の国共内戦で国民党側が見せた初めての頑強な反撃であった。国府軍は、六月下旬から商戦拿捕や都市空爆など、大陸沿岸部、特に上海地区を封鎖する挙にでていたが、当面海空の戦闘能力の不足する共産党側は、これを直ちには克服できなかった。

しかし、大局的には共産党が呼号する「台湾解放」は不可避に見えた。アメリカのトルーマン政権は、一九四九年八月『中国白書』を発表して蔣介石政権の無能と腐敗を非難しており、また中央情報局(CIA)の見通しでも、アメリカの介入が無い限り、五〇年末までに台湾は共産党の支配下に入るだろうと見ていた。そして、五〇年一月、トルーマン大統領は台湾海峡不介入を声明、続いてアチソン国務長官も、アメリカの西太平洋防衛ラインから台湾・韓国を除外すると受け取れる発言を行っていた。

台湾に逃げ込んだ「中華民国」の運命は風前の灯に見えた。三月一日、蔣介石は台北で総統に復職、陳誠を行政院長に据えるなど一連の軍・政首脳人事の刷新を断行し、共産党の「台湾解放」に対抗して

「大陸反攻」を呼号して士気を鼓舞しようとした。しかし、四月には、海南島が、五月には、上海に脅威を与えていた舟山列島が陥落、共産党は華東地区の兵力のほとんどを台湾上陸作戦訓練に振り向けた。台湾の巷では、「〇月解放」「×月解放」説が飛び交い、左翼の基盤の薄い台湾でも、青年・学生を中心に共産党による「解放」への期待感が広がり始め、その期待感に基づく活動が、また政治警察の活動を活発にさせたのであった。

トルーマン政権は前述のように中国の内戦について「塵の静まるのを待つ」態度をとったものの、実はアメリカの政府部内・軍当局・世論もこの線でまとまっていたわけではなかった。四九年後半より「中国の喪失」の責任を問う声が、国府との関係が密接な共和党を中心に強まり、軍内部でも「不沈空母」としての台湾を戦略的に重視し、台湾が敵対勢力の手に落ちた際の脅威を強調する見解が無視できなくなっていた。

蔣介石は、このようなアメリカ内部の食い違いに着目していた。そして、総統復職後の刷新人事でも、プリンストン大学の博士号を持ち「民主先生」の通称のある親米派の呉国楨を陳誠の後任の台湾省主席に、陸軍総司令にバージニア軍事学院出身で米軍筋に受けの良い孫立人将軍を任命するなどの手を打ち、「内戦の国際化」、つまりは、米ソ対決の第三次世界大戦の勃発によるアメリカの態度の転換に望みをつないでいた。

まもなくこの蔣介石の願望が半ば現実のものとなった。朝鮮戦争である。五〇年六月二五日、金日成の北朝鮮軍が三八度線を越えると、二七日、トルーマン大統領は台湾海峡不介入方針の破棄を声明し、

台湾から続々と搬出される金門・馬祖への救援物資．1958 年

共産党軍の台湾攻撃阻止のため第七艦隊の台湾海峡出動を命じた。一〇月八日、アメリカ軍が三八度線を越えると、二五日、中国軍が鴨緑江《おうりょっこう》を越えて参戦した。「台湾解放」に備えていた第三野戦軍も、まもなく半数を朝鮮戦線に投入せざるをえず、中共華東局の下、「台湾解放」に備えて上海に集中・待機していた台湾出身者を含む党・政幹部も各地に散っていった。

　台湾海峡介入を決めたアメリカは、一転して国府支援に乗りだし、いったん中止していた国府援助を再開した。五〇年七月末まず台北に駐在武官が、翌月には駐在公使が、国府移転後初めて赴任した。同年中に軍事援助も再開され、翌五一年二月に正式に「相互援助協定」が締結された。軍事援助は七四年に打ち切られるまで総額二五億六六〇〇万ドルに達した。アメリカの相互安全保障法（ＭＳＡ）に基づく一般経済援助（いわゆる「米援」）は、六五年に停止されるまで総計約一五億ドルが供与され、復興期の台湾経済を支えた。五一年四月、チェース少将を団長とする公式の軍事顧問団派遣が再開された。アメリカは、平時においても敵対勢力の下に置くべきでない地域として台湾を戦略的に位置づけるにいたったのである。

一方、共産党側は、四九年七月、毛沢東が「向ソ一辺倒」を宣言、翌年二月、中ソ友好同盟相互援助条約を締結していた。これに対してアメリカは、国連の場で国府の中国代表権を防衛するとともに、半ば強要するようにして日本に国府との講和を急がせ、サンフランシスコ平和条約調印直後の日華平和条約締結となった。さらに自らも国府と相互防衛条約を結び、台湾をアジアの冷戦体制の最前線に組み込んでいった。朝鮮戦争を契機に、東西冷戦が一挙に台湾海峡にも波及して中国の内戦と結合し、台湾海峡を隔てた分裂国家状況が固定されることとなったのである。

ここに、共産党による「台湾解放」が挫折して、蔣介石が待望した「内戦の国際化」が実現したかのごとくであるが、第七艦隊の台湾海峡派遣を明らかにした前記トルーマン声明は、共産党軍の台湾攻撃阻止の意図とともに、国府に対しても「大陸反攻」行動の停止を要求していた。ゆえに同声明は「台湾中立化宣言」と称されることがある。共産党の「台湾解放」が阻止されたばかりでなく、蔣介石の「大陸反攻」の夢もまた封じ込められたのである。

一九五〇年代には、国府軍がなお占領している島嶼をめぐって二度にわたり国共双方が戦火を交えた。五四―五五年と五八年の二度にわたる台湾海峡危機である。だが、ともに全面戦争には至らず台湾海峡の現状は維持された。また、六〇年代初め中国が毛沢東の急進政策により混乱に陥り、これを奇貨として蔣介石が国防付加税の課税など反攻準備を開始した際にも、ケネディ政権によりすぐさまチェックされてしまったのである。

アメリカのこうした姿勢は、一面では今日まで継続しているといえるかもしれない。アメリカは、一九七九年中国と国交を樹立したが、それ以後も「台湾問題」の「平和解決」原則を唱え、台湾への武器輸出を続け、台湾の防衛力水準の維持に決定的役割を果たし続けているからである。

3　党の「改造」

話を元にもどす。アメリカの台湾海峡介入と援助再開で、国府は九死に一生を得て息を吹き返した。しかし、蔣介石はまだ安心できなかったはずである。「台湾解放」と「大陸反攻」の双方を阻止するというトルーマンの「台湾海峡中立化宣言」にも見てとれるように、アメリカの国府支持の基礎はアジアの冷戦における台湾の戦略的価値にあり、蔣介石・国府支持も無条件のものではなかった。蔣介石は台湾において自らのいわば「代替不可能性」を支配体制の確立をもって証明しなければならなかった。加えて、二・二八事件を経て、台湾の社会は大陸での内戦で移動してきたこの一種の外来国家に好意的とは言えなかった。その社会の上に、国府は強行着陸したのだった。まずは、大陸でいったんガタガタとなった権力の再編であり、同時に台湾社会(二・二八事件を想起せよ)を掌握しなければならない。そのためのアメとムチ。おおまかに言えば、蔣介石のために政権の表舞台でアメのマネジメントにあたったのが陳誠であり、裏の舞台でムチをふるったのが蔣経国であった。ムチをふるいながら自分の政治基盤を築くことを蔣経国は父から容認されたのであった。

すでに触れたように、権力の再編は国府の台湾移転の過程から実質的に始まっていた。大陸での敗北そのものが、地方に割拠する地方派閥や中央の党・国家の各セクターに排他的に盤踞する中央諸派閥を弱めていたが、蔣介石はさらにいっそうの内部固めに取り組んだ。その重要な一環が権力の中核組織たる国民党の「改造」、党組織の整頓であった。

蔣介石は、大陸での内戦の敗色が深まると、その基本的原因を党員の腐敗と組織のゆるみ、軍の士気の低下と軍閥化に求め、党の「改造」を構想し始めていた。党内派閥が克服されリーダーの指導が貫徹し(「領袖独裁」)、その党により軍・政への一元的指導が貫かれる(「以党領軍」、「以党領政」)――このような党が、そのめざすところであった。

蔣介石は総統「下野」中にも広州での中央常務委員会(以下、中常会)で「改造案」を採択させたこともあったが、実際には何らなすところはなかった。アメリカ第七艦隊の台湾海峡介入で目前の直接的危機が回避されると、これに本格的に取り組むことが可能になった。一九五〇年七月、中常会は「中国国民党改造方案」を採択、蔣介石が任命する「中央改造委員」が、従来の決定機構である中央執行委員会と中央監察委員会の権限を次の党七全大会までの「改造期間」中代行する、という非常体制で党の整頓に取り組むこととした。蔣介石は、陳誠を筆頭とし蔣経国を序列第一二位に含む一六名の中央改造委員を任命したが、その中には「蔣家天下、陳家党」とまで言われて党組織を牛耳り、四七・四八年の選挙でも中央民意代表機構に大きな勢力を占めたCC系のリーダー、陳果夫・陳立夫兄弟の名はなかった。この時、陳果夫は台北で病床にあり(翌五一年死去)、陳立夫は四九年中に蔣介石から旅費を与えられて追放同然にアメリカに渡っていた。その他、大陸時代の地方派閥の実力者の多くは、別途任命された実権の無い中央評議委員会に祭り上げられた。CC系や既存の派閥を退けて権力機構を立て直そうという、蔣介石の強い意志がうかがわれる。

党組織の整頓は、中央党部及び地方区党部、知識青年党部、職業党部、海外党部、特殊党部（軍内党組織）及び敵後（中国大陸）党部、という区分に沿って、㈠現有党員の再登録と不良党員の粛正、㈡新規党員の吸収、㈢党員の組織編入、㈣党大会の開催による党綱領・党規約の改訂、新中央指導部の形成、の手順で行われた。

現有党員の再登録は、五一年一月四日から二三日にかけて行われ、二万二五八名が再登録した。中央指導部についてみると、六期の中央執行委員、同監察委員計五八九名中、来台した者は二九六名で、内二名が再登録せず党籍を抹消された。粛正に関しては、規律委員会が設けられ、共産党側に寝返った者九四名を含む一二六名の処分が行われた。

また、党員の組織編入に関しては、「すべての党員が必ず基層組織に編入される」と規定され、五一年七月までに、中央直属党部では、二七一一名の党員が、二九五の小組（いわゆる細胞のこと）、五一の区分部（支部）に編入され、台湾省党部所轄党部では、一一万四七三一名の党員が、一万四六六九の小組、二九一六の区分部、六五六の区党部（郷鎮レベルの党支部）にそれぞれ編入された。郷鎮の区党部は五一年からは党の社会への浸透を目指して「民衆服務センター」を兼ねることとなり、五四年には省内のほとんどの郷鎮に設置された。これらの党員には、おりからの農地改革の推進にあわせたキャンペーンや五〇年からの地方公職選挙に関連して吸収された党員が多かったものと思われる。

そして、五二年一〇月一〇日から二〇日まで国民党第七回全国代表大会が召集され、「本党は革命民主政党である」という独特の自己規定を含む党規約と党綱領の採択、そして四〇名の中央評議員と三二名の中央委員を選出して、「改造」の公式の仕上げとされた。ついで二三日には第一回の中央執行委員会総会（六期一中全会）が開かれ、蔣介石の指命により、一〇名の中央常務委員を選出した。

この時、蔣介石が選んだ中常委の序列第一位と第二位は、中央改造委員と同様、それぞれ陳誠と蔣経国であった。このことに端的に見られるように、党の「改造」は、権力組織に対する蔣介石の威信を高めるとともに、陳誠系と蔣経国系（「太子」系）という新しい中央派閥を台頭させたのであった（松田康博、前掲論文）。それまで最大の中央派閥だったCC系は、「領袖」からは「大陸喪失」に重大責任ありと見なされ、また抗日戦争期から内戦期にかけて陳誠や蔣経国と地盤争いをした経緯があった。両者が「改造」を利用してCC系の追い落としをはかるのは自然の成り行きだったといえよう。特に陳誠の仕打ちは激しかったと言われる（梁粛戎『大是大非　梁粛戎回憶録』）。以後、CC系は権力中枢からは全く追われ、立法院など中央民意機構の有力派閥の一つとして命脈を保つにすぎないこととなった。

4　特務、政工、救国団

「下野」直後から蔣介石の身辺に密着していた蔣経国は、まず「特務」と呼ばれた情報・治安部門を任された。現代中国の国民党政治においては、特務とは、対外的な情報工作のみならず、政権内部の政敵や体制外の政治的反対者に対する情報蒐集、監視、逮捕・拘禁、そして時にはテロルを実行する政治警察として、政治権力の重要な支柱の一つであった。

大陸時期の特務には、黄埔系(蔣介石が校長をつとめた黄埔軍官学校出身者による派閥)を中核とする「軍統」(軍事委員会調査統計局)と党務を牛耳るCC系の「中統」(国民党中央委員会調査統計局)の二大系統があったが、内戦の敗北はまたこれらの情報工作網の崩壊も意味していた。蔣介石はその台湾での建て直しを長男に委ねた。

初期の経緯は不明の点が多いが、蔣経国は前述の「政治行動委員会」を統括することで特務系統の掌握を果たしていったらしい。この委員会は、国防部保密局(「軍統」の後身。後に国防部情報局、現在同軍事情報局)、内政部調査局(「中統」の後身。後に司法行政部、現在法務部管轄)、憲兵司令部、国防部第二庁、台湾省警務処、台湾省保安司令部(戒厳令実施機関。後に台湾警備総司令部、通称「警総」)などの情報・治安機構の長ないし次長クラスを委員とし、特務工作の一元的指揮をはかろうとしたものだった。名目上の主任は、軍統系統の唐縦などが務めたが、実権は蔣経国にあった。委員会の下には書記室と石牌訓練班(石牌は台北郊外の地名)が設けられた。この委員会は、秘密組織であったが、指揮・連絡の上で公文を発する必要から「総統府機要室資料組」の名称を用いた(高明輝『情治檔案』)。後に国民党の特務組織からドロップアウトした孫家麒によれば、名称上組織の位階は低いが、蔣経国の印鑑が押されている限り、その公文は特務系統のみならず、党と行政系統の位階を越えて威令が効いた。五〇年代、蔣経国のこの「資料室」は、党・行政院・軍にまたがって計二四の単位をそのコントロール下に置いており、そのありさまはあたかも「小型の行政院」「地下の小朝廷」の如くであったという（孫『蔣経国竊国内幕』）。特務は、蔣経国が初めて本格的に手にした生々しい権力であった。この「小型の行政院」「地下の小朝廷」という表現には、五〇年代、蔣経国がその権力を相当に無骨に振り回して権力基盤を拡大していった様子がうかがえる。

その後、「総統府機要室資料組」は、一九五四年アメリカの国家安全保障会議に似せて設けられた国防会議の下の国家安全局として正規化され、蔣経国は国防会議副秘書長として実権を握った。一九六七年、国防会議は、その名を国家安全会議と変更するが、蔣経国はこの時にはすでに「表」舞台の国防部長の地位に昇っていた。

「かつてわれわれ七十代の人間は夜にろくろく寝たことがなかった。子孫をそういう目には遭わせたくはない」と、李登輝は一九九四年、司馬遼太郎との対談で語っている（司馬『台湾紀行』）。自身「特務」を含む国家機構の指揮権を掌握しているはずの「中華民国」現職総統としては驚くべき率直さである。かつて共産党シンパの嫌疑をかけられ蔣経国の手で中央に抜擢されるまで特務の要監視対象にされ続けた自分自身の、また現代史の荒波にもまれた台湾の「大正世代」に共通の、痛切な体験がにじみ出た言葉と読める。

この言葉から端的にうかがわれるように、蔣経国の「地下の小朝廷」の形成は、単に支配集団間の権力再編として進行したのではなかった。それは、前章に「白色テロル」として触れた激しい共産党摘発キャンペーンとともに展開したのである。それは実際あまりに激しく行われたため、共産党摘発という範囲を大きく越えるものであった。五〇年代の「白色テロル」においては冤罪事件のほうが多かったからである。自身も政治犯であると思われるある論者によれば、それらが作られる主な経路は次のようなものであった。第一に、「真の共産分子」が拷問の末供述した関係者で、多くは単に外郭組織である「読書会」の類に参加したのみで党組織には入っていない場合。第二に、「真の共産分子」が逃走してしまったため、担当の特務が上司へのいいわけの必要から「共産分子」の親戚・友人を検挙して代用としたケース。第三に、日本統治期に多少とも正義感のあるインテリは程度の差はあれ左傾しているのが普通だったが、かつてこうしたインテリと何らかの対立関係にあった日本時代の御用紳士が密告により報復を行った場合。また、事情を知らずに「共産分子」に宿を貸したり金を融通したりした親戚・友人など、政治について不満をいったり大陸事情を噂するなどして密告されたものも多かった。さらには、政権内部の、甚だしくは特務同士の争いで陥れられたものも少なくなかった。こうして冤罪で検挙されたものの供述を特務が信用せずさらに拷問をもって追及し、無理やり知人の名を言わせると、そこからさらに無限の冤罪の連鎖となる(陳維明「台湾的悲歌只有二二八嗎?」)。

また、自身も元政治犯である林樹枝によれば、五〇年代の共産党嫌疑者は秘密逮捕、秘密裁判(軍事法廷にかけられた)であって、親族・友人は本人の長期失踪の後一、二年経って初めて検挙・収監の事実を知るのが普通であった。裁判もきちんとした手続きのない、いい加減なものであり、戒厳令下の軍事裁判なりに定型化した手続きがとられるようになったのは、六〇年代以降であるという(林樹枝『良心犯的血涙史』)。

これは、もはや単なる政治反対者の弾圧といったものではない。これも二・二八事件に次ぐ「恐怖による政治教育」であった。台湾社会には、政治を危険なものとみなして抑圧への反攻を無理と見る深い「退出」の態度、あるいは後に「一人一人の心の中の警備総司令部」とたとえられたような政治的自己規制の姿勢が広まっていった。その「一人一人の心の中の警備総司令部」の監視のまなざしの深奥部には特務の元締めとしての蔣経国の視線があり、内閣に抜擢されるにあたり要監視対象からはずされるまで、李登輝もそのような監視の視線の中に置かれ続けたのである。

蔣介石はまた蔣経国に軍の政治工作(「政工」)システムの建て直しをも委ねた。国府軍には、第一次国共合作の時期から、フランス革命に起源を持ち、ソビエト赤軍で祖型ができた政治委員制度を取り入れていた。戦後の内戦の過程で発生した大量の将兵の共産党軍側への寝返りの原因を、軍中における政治工作の失敗に求めた蔣介石は、後に触れる党の「改造」に先立ちこれとは別途に軍中党組織の建設を行う一方で、総統復職後の五〇年三月下旬、国防部に政治部(後に総政治部、ついで総政治作戦部)を設け、ソ連赤軍にいた経験を有する蔣経国を主任に任命した。

軍中党組織は「特種党部」と呼ばれ、部隊の統帥系統に並行した上から下までのピラミッド型の組織が作られた模様であるが、憲法上、党派の陸海空軍への関与は禁止されている(中華民国憲法第一三八―一四〇条)ため、非公開組織となった。そのためか、軍コントロールの実権を持ったのは、「政工系統」を擁した蔣経国であったようである。政工系統は形式上、行政院国防部の管轄に属する幕僚組織であるが、特種党部と同様に統帥系統に並行した組織を有し、各級の政治部主任ないし政工主官は、政治教育、防諜、宣伝・慰問活動の他、将兵の経歴の掌握、人事への参与がその任務とされた。各級部隊にあっては、政工幹部は統帥系統各級指揮官の部下とされ、命令に副署できるのは政治に関する命令のみとされたため、軍令の一元化は基本的に妨げられないことになっていたが、人事関係を含むこれらの業務内容からいって政工幹部が部隊においても無視できない影響力を持ったものと思われる(松田康博、前掲論文)。

翌五一年一一月には台北郊外(その名も復興崗)に政工幹部養成のため政工幹部学校が開設され、蔣経国が校長に就任した。『蔣経国伝』の著者江南は、復興崗は蔣経国の黄埔だと指摘している。国民革命期に黄埔軍官学校校長をつとめた蔣介石が、部下の教官や学生との師弟関係をその政治基盤のひとつとし、これら教官(陳誠もその一人)や卒業生もまた「黄埔系」として国民党政権主流派の一翼をなしたように、復興崗もまた単に政工幹部養成所であるだけではなく、後述の救国団とともに、蔣経国の「班底」培養機関であった。江南は「一九七五年に蔣介石が死去した後、水銀が流出する如く(蔣経国の)弟子たちは財政部門を除く情報・文化娯楽・党・行政・報道などのあらゆる部門に浸透していった」と述べている。この政工幹部学校の訓導処長として蔣経国を補佐したのが、蔣経国の贛南時代から部下の王昇であった。王はその後も政工系統を上昇して救国団の李煥とともに「文の李煥・武の王昇」と並び称される「太子系」(蔣経国閥)の実力者にのしあがる。

この他、総政治部が打ち出した「現職軍官仮退役制度」や「主管官任期制度」などの軍政改革も、一

救国団の宣誓式に参加した台北市の中高校生. 1952 年

見人事制度の近代化の如くみえて、実際には蔣経国の軍掌握に役立つものだった。特に、後者は参謀総長、陸海空軍司令官、師団長、艦長、空軍大隊長などの重要ポストの任期を二年とし、再任は一度だけとしたものだが、実際には政敵を排除し、追従者を以て軍を把握する手段として利用されたのである(松田康博、前掲論文)。政工制度に反対した陸軍総司令の孫立人がこの制度によりあっさり総統府参軍長に棚上げされてしまったこと、その一方で、蔣経国と対立した台湾省主席呉国楨追い落としに功績のあった彭孟緝はのちにこの制度を無視して通算九年も参謀総長をつとめていることが、その顕著な例である。

蔣経国の権力の旅の道筋として、もう一つ、「救国団」(中国青年反共救国団)というものが見逃せない。国府来台後まもなくその前身の中国青年反共抗俄聯合会が作られ、国防部政治部の成立後はその管轄下で設立準備が進められ、五二年一〇月、党の「改造」の終了を確認する七全大会後に正式に発足した。団長は蔣介石、主任が蔣経国。蔣経国はこの主任職に奉られた「青年導師」の美称がよほど気に入ったのか、行政院長就任後の一九七三年までその肩書を離さなかった。

その創立にあたって「団長」蔣介石は「救国団は教育性、大衆性、戦闘性を有する組織たれ」と指示していた。救国団は、中学以上の学生と「社会青年」(同年代の勤労青年)を組織の対象とし、高校以上の学校の軍事訓練の実施を請け負うことによって拡大していった。五二年七月、団の正式発足に先立ち国防部、教育部、台湾省政府などの単位により学生軍訓設計督導委員会が設けられたが、訓練の執行は救国団総団部が担当し、大学には「教官」が、高校には「軍訓教官」が配置された。団の組織は、軍隊型の大衆組織の組織形態をとり、各学校は学校長を隊長とする大隊とされ、その下に学生・生徒が中隊・小隊・分隊などに編成された。このため、個々の学生・生徒にとっては団への加入は形式的なものであったが、救国団業務は学校行政の一部となった。成立の翌年には、救国団の手によりすべての学校の壁に「主義(三民主義)、領袖(蔣介石を指す)、国家、義務、光栄」のスローガンを書く運動が発動され、五四年には台湾省政府と共同で高校以上の必須科目とされた「三民主義」の教師に対する講習会が組織された。また、五〇年代には二回にわたる台湾海峡での共産党軍との軍事衝突時や共産党軍のチベット侵攻などの中国大陸における政治事件をとらえた反共キャンペーンが、救国団により頻々と展開された。

このように、救国団は、党の補助機構としての青年・学生の動員とコントロール機構として設けられたものであるが、当初においては、国民党内権力競争においては新参者である蔣経国のパワーベースとしての役割をもった組織だった。蔣経国は、救国団を使って自身の「班底」を養うとともに、団の活動を通じて本省人の幹部を養成していったのである。救国団において蔣経国の片腕となったのが、蔣経国が重慶時代に「班底」に吸収した李煥であった。李煥は、救国団発足とともに主任秘書に任じ、七〇年代蔣経国が主任を辞めた後に主任を継いでいる。

五〇年代には、党内の新興勢力としての蔣経国のパワーベース拡大は、蔣介石のお墨付きを頼みにしたかなり強引なものであったようだ。救国団に関しては何ら立法措置はとられておらず、そのことや学校教育にも直接的に介入するやり方に関しては当初から批判があった。たとえば、権力中枢からはずれた外省人自由主義者がやっていた『自由中国』は、救国団は蔣経国の闇機構だとして数回にわたってその解散を主張したことがあったのである。

こうした批判を意識したためだろうか、はたまた権力組織の掌握にもはや救国団を経由する必要が減少したためか、救国団は六〇年に組織原則を変更し、大衆団体から専従職員のみの組織に転換され、以後しだいに学生の余暇活動の組織や「社会青年」の「輔導」(働きつつ学ぼうという青年の世話)などの社会サービス的活動の側面が強化されていった。この年、高校の軍事訓練も教育部の管轄に移された。また遅れて六九年には行政院に青年輔導委員会が設けられ、「輔導」業務はこれに移管された。後で触れるように、この年に蔣経国は行政院副院長になり、蔣介石の衰弱により、実質的に最高権力を掌握している。救国団は、蔣経国の権力上昇の足場となった後、その最高権力後継者としての地位の安定とともに、しだいにその多面的な機能を一つ一つ国家の公式機構にゆずり、最終的には青年・学生への余暇活動サービスの提供を通じた青年・学生の反体制的ないし競争的動員の阻止へと機能を単純化させていったのだと言える(若林正丈『台湾　分裂国家と民主化』)。

こうして、特務・政工・救国団は、触れば熱い「太子」蔣経国の権力の熱源となった。あえてこれに触れるもの、あるいは避け方が下手だったものは大火傷を負うことになった。その顕著な例が、前述の呉国楨と孫立人である。

呉国楨はアメリカ留学帰りの有能な行政官で、蔣介石に気に入られて国民党中央宣伝部長、外交部次官、漢口・重慶・上海などの市長を歴任していた。上海市長の時、上海経済監督員として金元券実施に乗り込んできた蔣経国と衝突したことがあるのはすでに触れた。五〇年三月、陳誠の行政院長就任とともに台湾省主席(兼同保安司令、行政院政務委員)に任じられたが、この時から蔣経国の「小型行政院」、「地下の小朝廷」と衝突を繰り返した。江南によれば、ことのおこりは、蔣経国の握る国防部政治作戦部と救国団からの省政府への経費供出要請に色好い返事をしなかったことであった。その後、台湾省保安司令としての部下にあたる同保安副司令の彭孟緝が共産党狩りで蔣経国の指揮を受け、公式には上司に当たる呉の指示を無視して無令状逮捕を繰り返して、両者の対立が高まり、五三年三月、呉はついに蔣介石に辞表を提出、五月、亡命同様に渡米したのであった(江南『蔣経国伝』)。

孫立人は留米派の軍人で、蔣介石との師弟関係で結びつく黄埔系の強い国府軍の中で浮き上がった存在だったが、作戦指揮能力に優れ、抗日戦争期にビルマ戦線で戦功を挙げて脚光を浴びるとともに米軍筋から絶大な信頼を寄せられるに至った。戦後は黄埔系に排斥され台湾で新兵訓練にあたっていたが、四九年台湾防衛司令官、五〇年蔣介石の総統復職とともに陸軍総司令に返り咲いた。前述のように、蔣経国は蔣介石の意を受け、軍内に政工システムを作っていったが、このソ連式のやり方は、アメリカの嫌うところであり、五〇年代を通じて米軍事顧問団と国府軍の最大の摩擦の種であった。国府軍内では、孫がこれに反対し、蔣経国と衝突、孫の協調性を欠く個性がその他の軍首脳との関係をぎくしゃくさせていたこともあり、前述の将官定期ローテーション制度により、五四年六月、陸軍総司令から総統府参軍長という閑職に追いやられ、さらにかつての部下が蔣介石に対する反乱を企てたとして、同年八月に拘禁され、以後長期軟禁された(江南、同前)。孫の軟禁は一九八八年の蔣経国の死後ようやく解除された。

もちろん、陸軍総司令、台湾省主席といった要職にある者のパージを五〇年代前半の蔣経国の一存でやれるわけではない。孫と呉は、国府の存亡の危機に臨んで蔣介石が米国の支持の復活を来して抜擢した親米派の切り札であった。有能でしかもアメリカの受けが良いということは、アメリカにとっては場合によっては蔣介石と取り替えてもよい人物であったということになる。実際に孫立人についてはアメリカ政府内部にそのような考えがあったと言われる(前掲『陳誠晩年』)。蔣介石にとっては、頼りになるとともに危険な部下でもあった。孫と呉を除くことは、「不沈空母」台湾のリーダーとしての蔣介石の米国に対する「代替不可能性」を強めることでもあったのだ。

また、孫立人のパージについては陳誠の要素も存在しているかもしれない。陳誠は、黄埔系軍人の筆頭格として、孫立人の不羈の性格を嫌い、その「米国背景」を警戒していたとしても不思議はない。部下の反乱陰謀事件とのかかわりを調べる調査委員会の長として、孫の長期軟禁処分の根拠とされたであろう報告書を提出したのは陳誠であった。次章に述べるように、陳誠は行政院長として農地改革や経済復興の指揮をとり、それを通じて経済運営を担当するテクノクラート層をがっちりとつかんだ。これらテクノクラート層は、アメリカが台湾という「不沈空母」に注入する資源、つまり「米援」という資源のパイプを握る者たちであった。かれらを束ねる陳誠は、軍の忠誠を監視し、特務機構を束ねる長男とともに、対米「代替不可能性」の支柱であった。陳誠こそ蔣経国の権力の旅の途上における真の競争者であった。

第四章　表舞台へ

蔣経国が特務を握り、政工系統や救国団を作り上げ、政権の「裏」から強引に権力の中枢に座り込もうとしていたとき、政権の「表」舞台では、アメリカの誘いにもかかわらず蔣介石を裏切らなかった腹心の陳誠が、台湾の戦後改革とも言うべき社会経済的、政治的改革に取り組んでいた。農地改革と地方自治制の実施である。これらの改革は、国民党の正統教義である三民主義の理念に沿ったものであると同時に、台湾にとって「外来政権」である国民党に対して決して友好的でなかった台湾社会の上に軟着陸するための、必須の政治・社会工程でもあった。

農地改革によって整えられた社会経済環境とアメリカの援助とに支えられて、台湾の経済は急速に復興し、さらに「台湾の奇跡」と称えられる持続的高度成長を遂げる。地方自治実施により定着した地方公職選挙は、それを通じて国民党体制に入っていく台湾本省人政治エリートを生みだすことで、日本植民地期末期の限定的地方選挙導入により始まっていた地方社会エリートの政治エリート化の緩やかなプロセスを継続させた。これらのエリートは、当面は中国唯一の合法政権を呼号する「法統」体制により国政エリートへの上昇を一時的に阻まれていた。国政は蔣介石父子とともに来台した外省人エリート、地方政治は選挙により上昇した本省人エリート、そして後者が前者に従属する、という政治エリートのエスニックな二重構造ができあがった。しかし、忠誠を尽くすものはその代価を欲する。本省人政治エリートの存在は、体制の台湾化・民主化への圧力を不断に蓄積するものであった。

これらの改革を推進したことによって、陳誠は、台湾省主席から行政院長へ、行政院長から副総統、さらには国民党副総裁の地位まで登りつめた。「表」の舞台を見る限り、陳誠こそが蔣介石の後継者であった。だが、結局はそうはならない。陳誠が権力の頂点を極めるのを阻んだのは、「蔣王朝」の壁と自身の健康であった。陳誠は一九六五年に死去、蔣経国はライバルの消えた「表」の舞台におもむろに登場し、父の衰弱とともに権力の中心にすわる。

1　農地改革

蔣介石が南京で「下野」し台湾への逃げ込み準備を始めた時、台湾経済は崩壊の淵にあった。台湾経済そのものが問題だったのではない。すでに優れた基盤を築いていた台湾の農業は、陳儀とともに来台した腐敗官僚による「劫収」がもたらした混乱にもかかわらず目覚ましい回復を見せており、公営化されて効率の落ちていた鉱工業生産も全般的に落ち込んでいたのではなくて、農業の回復や復興需要に押されて、肥料、アルカリ、セメント、石炭などで生産の回復が見られていたのであった。

元凶は、台湾と対南京・上海地区との貿易や台湾元の過小評価などを通じて波及してくる内戦中の中国大陸の破滅的インフレであった。台北市の物価指数を見ると、二・二八事件のあった一九四七年には年六倍強、翌四八年は一一・四倍、四九年には通貨改革が断行された六月までに一〇倍に達する有様だった。このような状況下で、生産の利潤より貸し付け金利が上がって地下の高利貸しがはびこり、民間の企業活動は停頓状態に追い込まれた。

経済は危機的状況にあったが、実はこの時、国民党にとって台湾社会が政治的に著しく不穏だったわけではなかった。二・二八事件の「恐怖による政治教育」の直後であったからである。だが、すでに中国共産党の地下組織の活動は台湾でも広がり始めていた。蒋介石にとって、大陸での敗北の社会経済的教訓はあまりに明らかであった。そこで蒋介石は、すでに触れたように、蒋経国に統率された政治警察により再度の「恐怖による政治教育」(白色テロル)を実行するとともに、陳誠により通貨・金融改革によるインフレ退治と農地改革による農民の懐柔に取り組ませた。

最初に断行されたのは、前述の通貨改革である。旧台湾元は廃止され、大陸の金元券との兌換は停止され、旧台湾元四万元対新台湾元一元のデノミネーションが行われた。前述のように、このころ蒋介石の指示で国庫の大量の黄金・米ドルが台湾に運ばれており、大陸でも金元券崩壊、一二月には国府そのものが台湾に移転した。日本支配から離脱以後は、比較的商工業の発達していた南京・上海地区と台湾との間に新たな経済循環(台湾から米・砂糖などの食料、南京・上海地区から日用雑貨)が生じていたが、これもわずか四年で再び断絶する事になった。台湾と中国大陸の間の通商関係が復活するのは、「文化大革命」の惨害を経た共産党がいわゆる「改革と開放」に踏み切るポスト毛沢東の時期まで待たなければならない。

再び断絶した大陸との通商に替わって速やかに復活したのが日本との貿易であった。四九年には日本向けの砂糖輸出が上海向けをしのいでおり、同年六月には日本との貿易支払い協定が結ばれた（翌年、正式の貿易協定）。戦後処理を待たずこのような措置がとられたのには米国の意向があったと見られる。そして朝鮮戦争勃発後「米援」が再開される。大陸経済との短い不幸なつながりの時期を経て、台湾経済は、東西冷戦構造の中で米日経済との循環の中に活路を見いだしていくことになるのである。さらに、これらと同時に、定期預金金利の四倍引き上げなど高金利により市中の過剰流動性を吸収する措置もとられ、また、五一年から本格的に到着し始めた米援が、心理的にも過剰流動性吸収の面でも大きな役割を果たし、さしもの悪性インフレも五二年以降終息に向かった。

これらのすべての基礎に台湾農業の目覚ましい復興がある。この時期、台湾農業は大陸から流入した一〇〇万をこえる急増人口をも養い、生産高は五二年早くも戦前のピーク（一九三八年）を越えたのである。

戦後台湾史の文脈の中で考えるなら、台湾農業のこの復興を支えたものの中で特筆すべきは、やはり農地改革であろう。すでに触れたように、農地改革の第一段階である小作料の一律三七・五％への減免（「三七五減租」）は、国府の台湾移転に先立ち、台湾省主席陳誠のもとで実施されていた。ついで、第二段階として五一年六月から、日本人から接収して公有地とされていた農地の農民への売却（「公地放領」）が行われ、第三段階は、五二年一月から、政府による地主所有農地の買い上げと農民への売却（「耕す者其の田有り」政策）が実施されて、成功を収めた。「三七五減租」後に一農民が語ったとされる「今日になってやっと光復のありがたみが味わえた」という言葉が、これによって国民党が刈り取ったものの大きさを表していよう。蔣介石に授権された陳誠がテクノクラートを率いて強いリーダーシップを発揮したこと、そして同時並行していた「白色テロル」の緊張の中で地主階級の反発は最小限に押さえられ、極度のインフレに曝された農民の不満をより急進的な方向へ組織する左翼インテリの運動も存在しようもなかったこと、これらが農地改革が比較的スムーズに行われ得た政治的環境であった。

改革の結果、公有農地は七万二〇〇〇甲(甲は台湾特有の土地丈量単位で、一甲は〇・九七ヘクタール)が一四万戸の農家に払い下げられ(一戸平均〇・五甲)、私有農地は、一六万六〇四九戸の地主(地主総戸数の五九・三%)の小作地一四万三五六四甲(総小作地の五六・六%)が買い上げられ、一九万五八二三戸の農家(小作農家総戸数の六四・一%)に売却された(一戸平均〇・七甲)。これにより、三十数万の自作農が創出されたが、一戸平均耕地面積の数字にみるように、依然として経営規模の小さな零細農であった。

農地改革により、台湾の農村の社会関係が大きく変容していくことになったばかりではない。改革の成功は後の台湾の経済発展の基盤を築いたともいえる。

地主からの農地買い上げの代金として、その三割が四大公営企業(台湾セメント、台湾紙業、台湾農林、台湾鉱工業)の株券により支払われた。これをきっかけに、一部分は都市商工業者に転じ、一部分は変化に適応できず株券をすぐ手放すなどして没落していった。こうして、農地改革は、日本統治時代からの台湾の有力階級である地主階級の分化・解体を促すとともに、地主の土地資本の産業資本への転化をも促し、のちの民間企業の本格的発展の起点となった。

また、これより先、政府は内戦期より「米肥バーター制」などの農業余剰を吸い上げるシステムを作り上げていた。この制度は、土地生産性向上に不可欠の化学肥料の生産と輸入とを政府が独占し、農民は米穀と交換で化学肥料を政府から購入しなければならないというものである。米と肥料の交換比率は明らかに政府に有利な不等価交換であり、農地改革により、政府は地主を排して、市場も経由することなく、直接に農業余剰を吸い上げることができるようになった。国民党政権はこれにより、いわゆる「軍公教人員」に対する米穀配給制を実施して大陸からわたってきた膨大な数の軍人・兵士、各種公務員などを養うとともに、低米価政策を維持して農業部門から工業部門への資本移動を可能にした。

零細ながら土地を得た農民の生産意欲は向上し、米援を利用した農業技術指導の推進とも相まって農業の生産性は高まった。このことはひいては農村に過剰労働力を蓄積する結果にもつながり、教育の普及とあいまって六〇年代以降の労働集約産業に豊富かつ廉価で優秀な労働力を準備したのであった。

2　経済発展

通貨改革により大陸経済から断絶し米日経済の軌道に入った一九四九年から、農業生産が戦前のピークにまで回復し農地改革の最後の段階が始められた五二年までを過渡期として、台湾経済は翌五三年から成長の軌道に入る。劉進慶によれば、五三年から六三年までの一〇年間が「初発成長期」、六四年から七三年までが「高度成長期」、二度にわたる石油ショックの影響をかぶる七四年から七九年までが

「不安定成長期」である(劉進慶「ニックス的発展と新たな経済階層」)。

すでに示唆したように、「初発成長期」の発展を下支えしたのは、言うまでもなく農業であった。この時期、台湾の農業生産は年率四・四％という高い成長を見せ、国府来台に伴う人口急増を支えるとともに、いちはやく輸出余力を見せ、年平均約一億ドルの外貨を稼いでいる。これは、米援の年平均到達額と同額である。

この時期、復興期の旺盛な内需を目当てとした輸入代替的な工業の発展も見られた。米援の一部として供給される原料綿花や手厚い保護制度に守られた繊維産業、発達した商品作物生産や同じく米援小麦などに支えられた食品工業、復興需要や軍関係需要に支えられたセメント産業などを中心に、工業生産は年平均一一・六％の伸びを示した。この時期のGNPの平均成長率は七・七％であった。

しかし、この内需をあてにした発展は、まもなく内部市場の飽和、改善されない失業や潜在失業の蓄積、貿易赤字の累積などの行き詰まり現象を呈することとなった。加えて、五〇年代も後半になると、アメリカは対台湾援助の形態の変更や援助そのものの廃止を口程に乗せるようになった。

そこで、政府は工業製品の輸出推進を目指す方向に経済政策の変更をはかった。五八年以降、まず輸出と輸入で食い違っていた為替レートの単一化や過大評価の是正が行われ(一米ドル＝四〇新台湾元に固定)、ついで税制や金融面での輸出奨励措置がとられた。六〇年には、外国からの投資促進のために「投資奨励条例」の大幅見直しが行われ、外資導入が積極的に推進され始めた。こうした一連の改革により台湾経済は世界経済と直結し、零細農を基盤とする農業の発展と教育の普及とが準備していた、低廉・良質・豊富な労働力という資源の国際比較優位が発揮される環境が初めて整ったわけであった。六一年から外資到達額は飛躍的に増大し、六二年からは世界銀行の、六五年からは日本からの借款が開始される。六五年以降、それまで一五年続いた米援は打ち切られた。同じ年、高雄に初めての輸出加工区が設けられた。

その結果は、以後二〇年近く続いた驚異的な高度成長であった。右に述べた政策転換の成果が累積的に現れて、六三年にGNPは初めて二桁の伸びを記録し、それから第一次石油危機まで、年平均一一・一%の文字通りの高度成長が続く。さらに台湾経済は、その石油ショックの打撃からも速やかに回復し、不安定ながらも七九年まで年平均八・四%の成長を遂げた。

この時期の成長を引っ張ったのは、合弁や技術協力その他の形式で外資との関係を持つ民間企業による繊維、家電などの労働集約型製品の輸出であった。劉進慶によれば、六五年以降八〇年頃まで、GNP、付加価値で見た工業生産額、輸出額の変化を外資導入額の変化と対比すると、これらの指標の動向は見事に一致する。この時期の高度成長が、外資とその導入の誘因となり得た低賃金労働という二つの生産要素の結合が台湾の製品に国際競争力を与えたことによってもたらされたのであった(劉進慶、前掲書)。

一方、六〇年代までの成長を支えた農業は急速に衰退に向かった。農業部門から工業部門への資本移動の制度的テコであった「米肥バーター制」は七三年に廃止となり、以後、農業は保護産業となった。後述するように、農業政策のこの転換が、学者にして農業テクノクラート李登輝を政治の舞台に押し上げたのである。

ところで、この時期の台湾の民間企業のよく見られた活動パターンは、合弁あるいは技術提携などで日本企業から資金や技術・ノウハウを入れ、労賃の安い台湾で組立・加工してアメリカに売るというものである。日本の技術・ノウハウの理解に十分な日本語能力を有し、日本にコネクションをすでに持つかあるいは作りやすい李登輝と同じ世代の「日本語人」の能力とエネルギーが経済の領域で解放され、「日本語人」が最も生き生きと働いたのがこの時期であったと思われる。

また、この時期には、石油ショックの時期を除いて物価はおおむね安定しており、高度成長に伴いがちなインフレの過度の昂進は避けられ、また開発途上国の経済成長にありがちな貧富の格差の拡大も見られなかった。所得五階層区分による最上位と最下位との比は、一九八〇年まで下降し続けた(以後、緩やかに上昇)。海外から韓国の「漢江の奇跡」と並び「台湾の奇跡」と称され、国民党当局自身からは、中国大陸を含む開発途上国のモデルとなりうる「台湾経験」として宣揚される所以である。

3　地方自治と政治エリートの二重構造

陳誠に総指揮を委ねられたもう一つの重要な政治・社会工程は、地方自治制の実施であった。陳誠は台湾省主席就任早々「民生第一、人民至上」のスローガンを掲げ、地方自治の実施を農地改革と並ぶ「共匪を消滅する政治競争を展開するため」の二大施政目標の一つとした。一九四九年七月には準備組織として「台湾省地方自治研究会」を発足させ、行政院長就任の翌月（五〇年四月）には「台湾省地方自治要項」などの関連法令を政令として制定した。そして、同年九月に地方行政区画が再編され、早くも翌月には、第一期の県・市長及び県・市議会選挙が実施され、五一年末にはさらに台湾省の第一期臨時省議会選挙が挙行された。

この第一期臨時省議会選挙は、その前年に選出された県・市議会議員による間接選挙だったが、五四年に行われた第二期より、成年男女の普通・直接選挙となった。その他の選挙は最初から普通・直接選挙であった。選挙制度は、議会の場合は、一人一票で同一選挙区から複数が当選する中選挙区制であった。行政首長については、省主席選挙は行われなかった。「中華民国憲法」は「省自治通則」を法律として制定して省主席選挙を実施すべきことを規定しているが、「省自治通則」の法案は立法院に上程されたが議決されないまま放置された。この他、非国民党人士に台北市長の座を奪われた後、六七年、国民党政府は台北市を行政院直轄市に「昇格」させて台湾省と同格とし、市長を官選としてしまった。南部の港湾・工業都市の高雄市に対しても、七九年になって同様の措置をとった。

台湾省主席選挙が行われなかったのは、これを実施すると国民党の政治体制の正統性（「法統」）を損なうおそれありとみられたからであった。前章に見たように、国民党は中国大陸での内戦期に共産党や民主党派の反対にもかかわらず「中華民国憲法」を制定し、さらに憲法に則って、国会に相当する中央民意代表（国民大会代表、立法委員、監察委員）の選挙も強行し、国民大会代表による総統選挙、総統による行政院長の指名と立法院の同意権の行使などの政府の構成手続きも行った。そして、大陸での内戦に敗れると、蔣介石は「反乱鎮定動員時期臨時条項」という憲法棚上げ法規によっていわば「内戦モード」にした「中華民国」をそのまま台湾に持ち込んだのであった。当然、台湾省政府の上に、「全中国の唯一の合法政権」である中華民国政府が、ほぼ管轄区域を同じくして屋上屋を重ねることとなる。中華民国総統蔣介石が、台湾省住民の投票で選ばれた台湾省主席を受け入れられないのは、理の当然であった。

かくして、行政院直轄省・市の首長選挙は、政治体制そのものの民主化なしには行われ得ないこととなる。行政院直轄省・市に関する「自治通則」が立法され、台湾省主席、台北市長、高雄市長の民選が実現したのは、台湾人総統李登輝の下で民主化も進んだ一九九四年一一月のことであった。この時には、三者の上に立つ「中華民国総統」の民選の実施がすでに決定していたのである。さらに言えば、民主化して政治体制の正統性として「法統」に頼る必要がなくなれば、台湾省という行政レベルそのものがいかにも余計なものとなる。九六年の総統選挙後に省の事実上の廃止が国民党と民進党の間で合意され、九七年の国民大会での憲法改定を経て実現する見通しである。

このように、陳誠が実施の指揮をとった地方自治制とは、「法統」体制に抵触しない限りでの「半自治」にすぎなかった。行われた選挙も、投票権の面では普通選挙ではあったが、長期戒厳令の下で政権批判の自由が強く抑圧される権威主義選挙でしかなかった。国民党から公認されれば当選確実、当選者のほとんどが国民党籍である選挙の「勝利」によって、国民党は民意の支持を得ていると装うことができた。

だが、にもかかわらず、これらの地方公職選挙は安定して挙行され続け、そのことによって現代台湾の政治構造を深く特色づけることとなった。政治エリートのあり方にこの点を最も鮮明にみることができる。

台湾に近代的地方行政制度が導入されたのは、日本統治期であった。台湾総督府は一九二〇年、地方制度を州・市と街・庄(町・村に相当)の二級制に改定し、独自の予算を持つ地方公共団体として、それぞれに諮詢機関として「協議会」を置いた。協議会の議員は官選で、日本人官吏と企業家の他、地元の台湾人有力者が選ばれた。二〇年代には、日本教育を受けた台湾人インテリ層から、台湾総督の権限に並行する権限を持つ台湾議会の設置を求める自治運動が盛んになったが、総督府はこれを峻拒し続けるとともに、一九三五年再び地方制度を改定して、「協議会」を民選とし、同年に台湾史上初めての公職選挙を実施した。この時、日本本国の選挙はすでに普通選挙であったが、台湾では独立の生計を営み地方税年額五円以上を納める二五歳以上の男子の制限選挙であった。選挙は日本統治の終焉までにもう一度一九三九年に行われただけだった。

台湾「光復」初期にも、南京国民党政権による中国全土の「訓政」段階から「憲政」段階への移行の準備としての郷・鎮民代表や県・市・省参議会員の選挙や「憲政」実施のための中央民意代表の台湾割り当て分の選挙などが行われていた。これらの選挙に打って出たのは、日本統治期の抵抗運動や自治運動に参加して全島的に知名度のある人々と日本統治期の地方有力者たちであった。前者は、二・二八事件と四九年以降の「白色テロル」の過程で多くが政治舞台から姿を消してしまう。

一般に、地方選挙のほうが、国政レベルの選挙より社会の著名人や地方有力者、すなわち社会エリートを、政治エリートに転化させていく作用は強いと言えるだろう。五〇年代以降の台湾の地方公職選挙は、日本統治期末期に萌芽を見せたこの一種の転轍作用を継続・拡大して、新たな一群の政治エリートを生んだと言える。地方選挙はいわば地元の選挙であるから、外省人は当選しにくい。新しく選挙で生まれたエリートは本省人であった。ところが、国政を牛耳るのはほとんどが蔣介石父子とともに来台した外省人エリートであった。戦後台湾政治に特徴的なのは、国政レベルは外省人、地方政治は本省人という、この政治エリートのエスニックな二重構造であった。

こうした二重構造が生じたのは、五〇年代と六〇年代においては、地方政治エリートから国政エリートへの上昇の道がほとんど閉じられていたからである。その理由は、まずは「法統」体制にあるだろう。内戦期に選挙された中央民意代表は、五〇年代前半に次々に任期切れを迎えたが、国民党は大陸各省が「共匪」の手に落ちて選挙が実施できないという理由で、大陸の「光復」まで第一期議員が引き続き職権を行使し続けるものとした。第一期議員はまがりなりに全中国規模で選出されたのだから、台湾選出議員はごく少数を占めるのみである。実効支配地域の民意をほとんど代表しない、定期改選もされない、世にも稀な国会、後に「万年国会」と揶揄されるものができあがったのである。共産党に対抗して国民党が掲げる「民主憲政」にとってこれほどの風刺はなかったが、さりとて、台湾で国会を改選して政府の編成をやり直せば、「全中国の代表政権」の建前に傷がつく。

さらに考えられるのは、時間的ないしは文化的要因である。まず第一に、党・政府・軍機構を満たした人員は、当然のことながら出発点では、外省人が多かった。それは官僚機構の上にいくほどそうであり、台湾化が進んだ現在でも軍・警察などではそうである。年輩の台湾人は、優秀な人材は二・二八事件や「白色テロル」で物理的に消滅されるか、精神的・社会的に引退しているか、または言葉の面などで外省人エリートの文化に適応していくのが困難である。一方、若い人は適応は可能だが、上昇には時間がかかる。加えて、国民党政権の官僚組織の中での上昇は、客観的な基準による、オープンな競争によるものではなかった。公務委員試験制度はあるが、それにより党・政府の官僚機構に入っても、上昇には要人の目に止まる必要があり、逆に要人に知られるチャンスがあれば、必ずしも公式のルートを経ずとも上昇できる。これは、リーダーの側から見れば、制度や規則をあまり顧慮する必要なしに、制度・機構を横断して自分の「班底」を養うことができるし、またそうしなければならないことを意味していた。もちろん、誰もが「班底」を養えたわけではない。蒋介石がそれを黙認したのは、蒋経国と陳誠だけであったといえる。この二人の目に止まるには、外省人のほうが有利であるのはいうまでもない。蒋経国も陳誠も、台湾人の人材吸収につとめなかったわけではない。蒋経国はそのために救国団をつかった。陳誠は人材を学術界に求めるのに熱心だったといわれる。しかし、いわば即戦力になる世代は、前述のような理由で把握できなかった。若い人材では五〇年代、六〇年代にはまだ間に合わなかったのである。

このように、「法統」体制の補完として導入された地方公職選挙が作り出した政治エリートの構造は、いびつなものになってしまった。しかし、地方公職選挙の実施は、台湾の社会エリートを、かれらに県・市の規模あるいは選挙区規模に分割して政治的権威を付与することにより、国民党がコントロールする政治社会の末端に統合することになったのであり、このことは当面は国民党という外来政権の台湾社会への軟着陸におおいに役立ったのである。

しかし、長期的にみれば、このいびつな構造を維持し続けるのは苦しい。いったん政治社会の中に加えた以上、台湾人エリートの国政エリートへの上昇をいつまでもブロックしたままではいられない。忠誠には代価をもって報いなければならないからである。「台湾化」という後の政治変動のダイナミズムが生まれる芽がここにある。

4　権力の階段を上る「太子」

陳誠は、最初は台湾省主席として、ついで行政院長として、農地改革と地方自治制実施という国民党政権台湾定着のための重要な政治・社会工程を指揮し成功させ、蔣介石に次ぐ政権ナンバー2の地位を強固なものにした。行政院長は一九五四年に辞したが、蔣介石の総統としての任期(六年)が切れたためこの年に召集された国民大会で、副総統に選出された。ついで五七年に召集された国民党第八期全国代表大会(八全大会)では、総裁蔣介石が副総裁ポストの設置を提案、陳誠が副総裁に選出された(六三年の九全大会で再選)。翌五八年には後任の行政院長の兪鴻鈞が監察院と対立して弾劾を受けて辞任したため、陳誠は再度、行政院長に任命された。

一九六〇年、蔣介石の総統任期が再び切れる年になった。憲法は三選を禁止しており、党内の雷震らは雑誌『自由中国』によって蔣介石の三選に反対したが、蔣介石は、この規定を凍結する「反乱鎮定動員時期臨時条項」を国民大会で増訂させて、事実上の終身総統制を作り、三選を果たした。陳誠も副総統に再選された。『自由中国』は発禁となり、雷震は同雑誌社の部下の「匪諜」(共産党スパイ)事件をでっち上げられて投獄された(自由中国事件)。

かくして、陳誠はまさに「一人の下、万人の上」という地位を得た。だが、これは憂鬱なナンバー2であった。江南は、「(陳誠は健康的にもすぐれず、また)精神的にも抑圧されていた。蔣介石に次ぐ副総統兼行政院長ということで位を極めはしたが、上には総統に一々指示を仰ぎ、下には蔣経国に頭を下げなければならないからである」(『蔣経国伝』)と述べている。蔣介石の権威はおかすことはできず、下からは、自分より一三歳も若い蔣経国が政権の「裏」の権力を固めていた。陳誠はナンバー2の位置に閉じこめられたといってもよい。

すでに示唆したように、陳誠とて独自の政治基盤を持てなかったわけではない。台湾省主席、行政院長として、五〇年代前半の農地改革や経済復興、五〇年代末から六〇年代初めの思い切った経済改革を統括し、台湾区生産事業管理委員会、その後身の行政院経済安定委員会(いずれも台湾省主席、ついで行政院長として陳誠が主任委員)や農復会(中国農村復興委員会)に集まった優秀なテクノクラート群の支持を受けていた。また、後述するように、アメリカ筋との摩擦もあった蔣経国に比して、アメリカ筋との関係も良好であった。この時期の経済政策の策定・遂行が米援と切り離せないものであったからである。立法院では、CC派に対抗して法案の通りをよくするために、陳誠支持派閥(いわゆる「座談会派」)を培養することも蔣介石から黙認された。黄埔系の長老であることから、軍の受けも悪かったとは思われない。結局、陳誠を阻んだのは「蔣王朝」の壁であったというしかない。そして、最後には陳誠の憂鬱は自身のすぐれぬ健康が問題そのものを消滅させた。陳誠は肝臓に中程度の硬化症状を抱えていたが、六三年これが再発、病を抱えて政務を見たが、年末ついに行政院長を辞した。後任に任命されたのが、典型的な蔣家のイエスマンと見られていた財政家の厳家淦であったことに「蔣王朝」の壁が明白に現れていよう。さらに、蔣介石は六六年に総統に四選された際、この厳家淦を副総統にすえた。厳は、「太子」蔣経国が「表」舞台に登場して実力を現すのに邪魔にならない人物だったのである。

翌年九月、陳誠の容態は悪化、蔣介石の指示で特別の医療チームが治療にあたったが、半年後の六五年三月五日朝、ついに死去したのであった(前掲『陳誠晩年』)。

ところで、陳誠が副総統兼国民党副総裁の地位につき、その憂鬱なナンバー2の役割を果たしていたのとほぼ同じ期間、実は蔣経国もまた目立つ動きのできない憂鬱をかこっていた。江南は、「(一九五七年六月以降)彼の行動、業績は報道されなくなり、訪問も拒絶され公の場所にも顔をださなくなった」、「蔣経国は六年も表に出ず、あたかも人びとに忘れ去られたかのようであった」(前掲書)と描写している。

理由は陳誠ではなく、まして蔣経国が実権を失ったからというわけでもなかった。前述のように五四年、総統の下に国防会議が設けられると、蔣経国はその副秘書長に就任してこれを牛耳っていた。

理由はアメリカとの関係にあったというのが、妥当な推測であろう。大きなきっかけは、一九五七年の「五・二四事件」(劉自然事件)であった。この年の三月、革命実践院(国民党高級幹部の研修センター)の劉自然という職員が、アメリカ軍事顧問団のレイノルズという軍曹の台北市郊外陽明山にある住宅に侵入したとして同軍曹に射殺された。米軍物資の横流しグループの仲間割れ、というのが当時の香港情報だったが、これは台湾では報道されなかった。二カ月後の五月二三日、米軍の軍事法廷はレイノルズの無罪を宣告、翌日、劉自然の妻が抗議のプラカードをもってアメリカ大使館前で座り込みをしていると、しだいに同情した群衆が集まり、ついには暴徒化して大使館に侵入し内部を破壊した。激怒した蔣介石は、憲兵司令官や警察署長らを直ちに解任、武装部隊を市街地に投入し、騒乱は夜半に至って沈静化した。

事件の真相を示すようなオフィシャルな資料は全く公開されていないが、事件の背後に蔣経国がいたのは疑いがないように思われる。例えば、当日午後、群衆の大使館乱入が発生した後、「約五〇名ばかりの成功中学(台北市の名門校)の生徒が救国団の腕章を付け、軍事訓練教官の引率のもと整然と大使館内に入り、横断幕に標語を掲げ、大声でスローガンを叫んだ」という。成功中学の当時の校長潘振球は蔣経国の腹心の救国団幹部であった。潘は事後に何ら処分を受けていない。また夜になって再度乱入した暴徒の中には「器具を持ち、金庫をねじ開け、大量の秘密資料まで持ち去った」者もいた。「当然、これはもはや庶民の行動ではない」(江南、前掲書)。

事件は発生の翌々日、蔣介石がランキン米大使と会見して謝罪の意を表して一応決着し、国府は事件を民衆の自然発生的な行動として弁解したが、アメリカの新聞・雑誌には、蔣経国の実名を挙げ、ソ連で一二年も訓練を受けた人物であることを指摘するものも出た。困惑した蔣介石が癇癪を起こして蔣経国を杖で打ったこともあるという（江南、同前）。

蔣介石（右）・蔣経国父子

前章に示唆したように、蔣介石の「代替可能性」をめぐって蔣父子とアメリカとの間には綱引きがあった。最も激しかったのは、アメリカ軍事顧問団（MAAG）団長チェース少将との在台軍事力の統率をめぐるものであった。孫立人将軍は一面そのとばっちりを受けたといえなくもない。蔣父子の側からすれば、国府軍は単にアメリカ軍のアジアの冷戦最前線の部隊にすぎないのか、それとも国府軍は国府軍そのものなのか、という問題だったのであろう。アメリカ側にとってみれば、「不沈空母」維持のためには、言うことをよく聞くが独自の威信を持たない傀儡か、それとも現地をしっかり把握できる独自の威信を持ったリーダーがいいのかの問題であった。

とはいえ、いずれにせよ、アメリカとの衝突は一定限度を超えてはならなかった。虎の尾を踏む自由は国府にはなかったのである。蔣経国処分はないにしても、何らかの謹慎のポーズは必要だったのだといえよう。

では、蔣経国は何をしていたのか？　行政院退役軍人兵士就業輔導会（略称、退輔会）の主任として、その業務に打ち込んでいたのであった。五六年四月の発足とともに蔣経国は副主任兼代理主任、翌年六月、つまり五・二四事件の直後、正式に主任に昇格、以後あしかけ八年にわたり、この職にあった。

この退輔会も国府とアメリカ側の綱引きの中からできた組織であった。MAAGは早くから、軍事援助の効率的運用の見地から国府軍の精鋭化を求めて、老齢化している兵員の淘汰を要求していた。しかし、大陸からつれてこられた兵士は大陸に戻れるわけではなく、また台湾に身よりもなく、多くは教育程度が低くて、除隊しても行き所がない。このような兵士の大量除隊は深刻な社会問題を惹起する可能性が高かったため国府側としても躊躇があったが、アメリカ側が四二〇〇万ドルをこのために経済援助として提供し、これを退輔会の事業の原資として除隊兵士のめんどうをみることとなったのである。

退輔会の最初の大事業は、台湾の中央山脈を東西に抜ける「東西横貫公路」の建設であった。支線も入れて全長三四八・一キロメートル、しばしば断崖絶壁を貫かねばならなかったこの難工事に、大量除隊させられた兵士が投入されたのである。開通までには三年一〇カ月の時間を要したが、蔣経国は頻繁に現場に出向き、しばしば兵士とともに野宿してこの難工事を指揮したのであった。

このような蔣経国をアメリカはじっと見ていた。一九五八年から六二年まで中央情報局（CIA）の台北ステイションのキャップを務めたクライン（Ray S. Cline 後にCIA副局長）は、その在任期間中、当時台北市内長安東路にあった蔣経国の私邸をしばしば訪ね、家族ぐるみのつき合いをしたという（克萊恩

開通した東西横貫公路．1960 年

〔Cline〕『我所知道的蔣経国』）。ソ連で青年時代を過ごし、ロシア娘を妻とした蔣経国がアメリカ風社交を好んだとは思われない。消息通によれば、当時蔣経国が最もくつろいだのは、ソ連留学の頃の友人とロシア風に飲んで騒ぐときであったという。クラインは、蔣経国が情報業務を統括する国防会議副秘書長として彼のカウンターパートにあたることから始まったつき合いのようにいっているが、もちろんそれだけではあるまい。クライン自身、ＣＩＡ台北ステイションが蔣経国のデータを徹底的に調べ上げていたこと、蔣経国のソ連についての見方を本国政府に報告することが主要な任務であったことを明確に述べているのである。

アメリカはこの島の権力を継ぐだろうと見なされていた男を一定の留保をもって見守っていたのである。クラインはそのことを蔣経国本人に示威する媒体であったのだろう。蔣経国もそのことを知り、アメリカに自分を理解させる努力をした。一九六三年に自分のソ連留学の経緯を記した「ソ連にいた頃」と題する覚え書き（一九三七年に書かれた）に序文を付けてクラインに渡しているのは、それを象徴する行動といえよう（克萊恩、前掲書）。

蔣経国の努力は功を奏したと言えるかもしれない。一九六二年、クラインが本国にもどった次の年、蔣経国は二度目の訪米を果たした。五三年の一回目の訪米から実に一〇年ぶりであった。招待したのは国防省とＣＩＡ、台北で蔣経国に密着していたクラインの報告が役に立ったのであろう。蔣経国の「謹慎」は解けたのである。

この間、五四、五五年の第一次台湾海峡危機を経て、五八年八月には中国軍が国府軍の守る金門島に突如砲撃をしかける第二次台湾海峡危機が発生している。第一次危機のあとアメリカが中国といわゆる「米中会談」を開始して国府側に疑心が生じたこともあったが、第二次危機を経て、中国側の「台湾解放」も阻止されると同時に、蔣介石の「大陸反攻」もまたアメリカによって封じ込められる情勢が明白となっていた。こうした情勢の変化も蔣経国の一〇年ぶりの訪米実現の背景にあったと思われる。

前述のように同じ年、健康上の理由からライバル陳誠が引退する。以後、蔣経国は、政権の「表」舞台に飛び出して、はばかることなく権力継承の準備を一瀉千里に進めていく。

六四年、国防部副部長就任、六五年国防部長に昇任、第三回目の訪米。六六年韓国、六七年日本、タイ訪問。六九年第四回目の訪米、そして行政院副院長に昇任するとともに、経済合作発展委員会主任を兼任、これまでなじみの薄かった経済運営にも目配りをきかせ始めたのであった。

第五章　孤立と繁栄のマネジメント

一九六〇年代末に思わぬ交通事故で負傷した蔣介石は、すでに高齢であることもあって、以後急速に衰弱していった。ナンバー2だった陳誠はすでにこの世にない。政権運営の実質的責任は、蔣経国の肩にかかっていく。この時期はまた、台北と北京の国際的地位が大きく入れ替わった時期でもあった。政権運営の責任を負うことは、同時に対外危機にみまわれ孤立した「中華民国」の舵取りの責任を負うことでもあった。この時から一九八八年初めの蔣経国の死までが、台湾政治の蔣経国時代である。

台湾の野党・民進党が、一九九五年六月に行ったアンケート調査では、歴代総統の蔣介石・蔣経国・李登輝の三人の総統のうち台湾社会の発展に対する貢献は誰が一番大きいか、との質問に対して、蔣経国と答えた人が最も多かった。時に、現職の李登輝総統がアメリカへの非公式訪問を実現して著しく声望を挙げていた時期であったにもかかわらず、支持政党を問わず、省籍を問わず、ナショナル・アイデンティティの別(自分を中国人と考えるか台湾人と考えるか)を問わず、蔣経国に最大の貢献有りとする者が、三割を超えたのである(『聯合報』九五年六月六日)。

民進党のコメンテイターは、近年の政治的自由化とともに進んだ「(外来政権の)現地化」、すなわち「台湾化」が、まだ人心に深く浸透していないからだ、とその理由を説明していたが、果たしてそうだろうか。台湾政治の蔣経国時代を全体として回顧するなら、その権力継承の時期と晩年とにおいて、蔣経国が「台湾化」の方向に「中華民国」の舵をきったからこそ、その「台湾化」潮流の高まる時代にかれの施政が肯定的に想起されるのではないだろうか。このような時、一九五〇年代に起因する政治警察の元締めとしての暗いイメージは忘れ去られるのである。

1 権力継承と「中華民国」の対外危機

一九六九年七月、蔣介石は交通事故で負傷した。酷暑を避けるため台北市郊外の士林にある官邸から付近の陽明山上の別荘に向かう途上で、誤って突っ込んできた軍用ジープが先導車に衝突、その先導車に蔣介石夫妻の乗る車が追突して、蔣介石は胸を強打した。後に蔣介石の死を（そして蔣経国の死も）みとった侍従副官の翁元の回想によれば、それまで矍鑠《かくしゃく》としていた蔣介石も、この事故の後、衰弱の兆候が明白となり、七一年春には、血尿を見るまでになって、風邪をひく回数が増えたという（翁元口述『我在蔣介石父子身辺的日子』）。

当時、蔣介石のこのような病状は一切明らかにされなかったが、六九年以後、蔣経国への権力委譲は、蔣介石の衰弱に合わせるように行われていったのである。蔣介石の交通事故の前月には、副院長（副首相）に昇格した。翁元によれば、この間蔣経国は毎日のように蔣介石の枕元に報告に来ていたが、副総統兼行政院長の厳家淦は、一度も来たことがなかったという。蔣経国が全ての政務を実際に取り仕切っ

蔣介石死去に際して

ていたのである。

そして七二年五月、蔣介石が五期目の総統職に就くと、ついに蔣経国は行政院長（首相）の職に就任し、政策決定の重心は行政院院会（閣議）に移った。蔣経国はもはや「太子」ではなかった。党・軍・政・情報・治安、さらには財政・経済まで、「党国」体制の各セクターに他に優越する威信を持ち、国家運営の重荷をその双肩に担う「強人《ストロングマン》」であったのである。

総統五選時、蔣介石はもはや人前に出られる健康状態ではなくなっていた。医官は、六カ月の公務休止を勧告したが、夫人の宋美齢に退けられた。しかし、この年の七月、蔣介石は心臓発作で倒れ、昏睡状態に陥った。ただちに、アメリカから心臓病の世界的権威の余南庚博士が呼び寄せられ、特別医療チームが組まれた。七三年一月、蔣介石はようやく昏睡から醒めたが、手足の萎縮は進行し、心臓の回復の兆候も見られなかった。以後、特別医療チームの、コストを一切かえりみない治療と看護のもと、蔣介石の心臓は二年あまりの間働き続けたが、七五年四月五日午後一一時五〇分、ついにその鼓動を停止した。享年八七歳。その死は「崩御」と報ぜられ、「中華民国」は一カ月の「国喪」に服した。

翌六日早朝、国民党中央常務委員会は臨時会議を開き、憲法の規定(「中華民国憲法」第四九条、総統欠位のときは、副総統が総統の任期満了までその任を継ぐ)に従い、厳家淦副総統が総統職を継ぐことを決定し、ただちに宣誓式が行われた。このすばやい決定は、何よりも、いわゆる「夫人派」を周囲に引きつけて隠然たる勢力を擁する義母宋美齢の容喙《ようかい》を防ぐためでもあった。そして、総統になるのが百%のイエスマン厳家淦であれば、「憲政」遵守の形式をとることに何ら危険はなかった。期せずして、台湾人総統李登輝誕生のための重要な先例が、この時作られたことになる。八八年一月、蔣経国の総統在任中死去の際にも、このパターンは踏襲された。

四月二八日、国民党は中央委員会総会を召集し、中央委員会に主席の職を設け、蔣経国をこれに選出した。それまで国民党のトップの職称は「総裁」と呼ばれたが、これは留保して蔣介石に対する「永遠の哀敬を表する」こととした。孫文に「総理」の職称が固有のものとして留保されたのと同様の措置がとられたのであるが、一説にこの時宋美齢総裁擁立論も出たというから、これも「夫人派」封じの意味があったのかもしれない。宋美齢は、まもなく渡米、翌年蔣介石の一周忌に帰国したが、再度渡米、蔣介石生誕百年祭が行われた八六年一〇月まで帰国しなかった。

そして、七八年、厳家淦が蔣介石から引き継いだ任期が満了するのをまって、蔣経国は国民大会で第六期総統に選出されたのであった。

ところで、蔣経国が最高権力に手をかけつつあった頃、台湾の「中華民国」の庇護者アメリカと敵手中国とは、それぞれソ連に対する戦略的考慮から接近を模索しつつあった。

六九年一月、ニクソン大統領はその就任演説のなかで、北京との関係改善の希望を示唆し、続いて一連の行動でその意志を明示した。六九年中、米国人の中国渡航制限の緩和や第七艦隊の台湾海峡パトロールの緩和(常時から随時)などの措置がとられ、七〇年一月、米議会は台湾に供与される予定だった一中隊分のF4D戦闘機の予算を削減した。

こうした動きは当然台北を不安にした。七〇年四月、蒋経国が訪米し(五度目にして最後となった)、キッシンジャー大統領安全保障問題補佐官やニクソン大統領に会見して「中華民国」に対する支持の継続を訴えた。しかし、「中華民国」のかつての反共の盟友ニクソンは、蒋経国の訴えを儀礼的に聞きおく態度をとっただけだったという。この訪米は、ニューヨークで台湾独立派による蒋経国狙撃事件の報道が、アメリカにおける蒋経国の知名度を高めたことの他は、効果がなかった。蒋経国への丁重なもてなしは、「ニクソンが中華民国という友人に最後の別れを告げるひとつのやり方」でしかなかったのである(沈剣虹『使美八年紀要』)。

中国の国連加盟に反対する集会

ニクソン政権の行動に対して、中国側も応えた。七一年四月、おりから名古屋で開催中の世界卓球選手権に参加していたアメリカ選手団を中国訪問に招待、七月には、キッシンジャー補佐官が秘密裏に訪中して周恩来首相と会談、翌年のニクソン訪中を決定した。

米中のこうした接近は、西側諸国にも衝撃を与えた。七〇年秋には、早くもカナダとイタリアが北京に外交承認をスイッチしており、日本でも、当時「米中頭越し外交」とかまびすしく論議され、長期政権を誇っていた佐藤栄作内閣に少なからぬ打撃となった。

そして、台湾は七一年にはついに国連の議席をも失うに至った。「中華民国」の国連代表権は、五〇年代には、中国代表権問題は国連総会に議題にしないという、いわゆる「繰り延べ方式」で、六〇年代には、中国の加盟を総会における三分の二の賛成を必要とするという「重要事項指定方式」で、守られてきた。しかし、七一年秋の国連総会では、「中華民国」の追放を重要事項とするという、いわゆる「逆重要事項指定」提案は否決され、国府は自ら国連脱退を声明せざるをえなかったのである。以後、国府は国連付属機関をはじめとして、政府参加の主要国際機関のメンバーシップを次々に失っていった。

ニクソン大統領は、七二年二月、歴史的な訪中を果たし、直ちに国交樹立に至らなかったものの、「(アメリカが)台湾海峡両側の全ての中国人が、中国はただ一つであり、台湾は中国の一部であると主張していることを認識する」との文言を含む「上海コミュニケ」が発表され、北京とワシントンとにそれぞれの連絡事務所が置かれることとなった。

日本も、同年九月、田中角栄首相が北京を訪問し、「日中共同声明」を発して国交を樹立、国府と断交して、五二年国府と締結した日華平和条約は失効が宣言された。その後も多くの国々が北京に外交承認を移し、国府承認国は、七九年最低の二一カ国に落ち込んだ。国府は著しい国際的孤立に陥ったのである。

米中接近とともに、アメリカの台湾防衛関与も性格を変えた。アメリカは「上海コミュニケ」で、「中国人自身による台湾問題の平和的解決」を期待して「この地域の緊張情勢の緩和にしたがって、台湾におけるその武装力と軍事施設を減らしていく」ことを確認した。七一年アメリカ議会は、同地域における有事の際大統領に軍事力行使の権限を与えた五五年の第一次台湾海峡危機の際のいわゆる「台湾決議」を全会一致で廃止していた。在台米軍は、七三年のヴェトナム和平成立以後大幅な引き揚げが行われ、米中国交樹立(七九年一月一日)後の四月には米軍顧問団が撤収され、同年末には米華相互防衛条約が廃棄となった。また、七四会計年度からは対台湾無償軍事援助が停止された。

ただし、こうした在台米軍事力の撤収は、技術協力の強化など、台湾の自主防衛力増強政策への協力態勢を整えつつ行われたのであった。対中国交樹立後、米国の台湾へのコミットメントを定義するため米国国内法として「台湾関係法」が制定されたが、同法に台湾への「防衛性兵器」売却政策が規定されたのは、その一つの帰結であった。アメリカには、台湾海峡の現状のドラスティックな変化を容認する意志はなかったのである。

ところで、七二年のニクソン訪中後ただちに外交関係樹立に至らなかったことに示されるように、米中両国間には台湾問題をめぐって対立が残り、中国側は当面「中国の唯一の合法政権」の国際認知が得られたことと引き換えに、米国が台湾防衛関与の性格を変更したことをもって妥協せざるを得なかった。外交関係を結んだ日本や西側主要国に対しても台湾との関係の全面的断絶を強要することはできず、これらの諸国と台湾との間の経済を中心とした「民間関係」の存続を認めざるを得なかった。

ここに、「中華民国」の著しい外交的孤立にもかかわらず、一つの政治経済実体としての「台湾」が一種独特の国際的地位を保持し続ける余地があった。国府は断交した諸国と経済・文化・技術協力など多面的な「実質関係」の強化をはかり、そのため政府に限らず民間の個人や団体が積極的に国際事務に参与することを奨励する、いわば「総体外交」を推進していった。例えば、日台間には通商・領事事務も取り扱う「民間機関」として「交流協会」(日本側)と「亜東関係協会」(台湾側)が設けられたのがその一例である。

2 「十大建設」

このように、「中華民国」の対外危機の到来は、蔣経国の権力継承の最終段階と重なっていた。新たなストロングマン蔣経国は、危機の衝撃を受け止め吸収していく国家運営の舵取りに取り組んだ。

経済面では、台湾建設のために大規模国家投資=「十大建設」を推進して、移民や資本の外部流出など、海外逃避に傾きがちな人心の挽回をはかった。

「十大建設」とは、蔣経国内閣が推進した産業基盤の整備と重化学工業の振興とを目的とする一〇項目の国家プロジェクトのことである。まず、一九七三年一一月、①南北高速道路(基隆—鳳山間三七三・四キロメートル)、②西部縦貫鉄道電化(基隆—高雄間四九五キロメートル)、③北回り鉄道敷設(宜蘭県新城—花蓮県田埔間八二・三キロメートル)、④桃園国際空港(新規建設)、⑤台中港築港(取り扱い能力、一二〇〇万トン)、⑥蘇澳港拡張(取り扱い能力、六五〇万トン)、⑦鉄鋼一貫メーカー、中国鉄鋼の創設(高雄臨海工業区に)、⑧造船メーカー、中国造船の創設(高雄に)、⑨石油化学プラントの創設(高雄地区に立地)の九項目プロジェクトを、七八年までの五年で建設する計画が発表された。そして、まもなく、⑩発電所建設(原発三カ所を含む一六項目)が加えられて、「十大建設」と称されることとなったのである。総額五八億ドル(七九年レート換算)、うち交通・運輸・港湾・エネルギーなどのインフラストラクチャー整備が六三%、残りが、鉄鋼・造船・石油化学の重化学工業投資であった。

これらのインフラストラクチャー整備と重化学工業投資は、前章に見た六〇年代までの経済発展の過程からも必要とされていたものであった。インフラ整備について見ると、五〇年代には、「米援」(第三章参照)により農業基盤整備や電力供給網の復旧整備などが行われたものの、「大陸反攻」のスローガンのもと、産業基盤整備よりは、軍事関連施設の建設が優先されがちであり、六〇年代からの急速な工業発展に対応した基盤整備は、大幅に遅れていたのである。台中港築港は問題が多く、所期の効果を上げられず、また、原発は、八〇年代以降、安全性や環境への影響の問題から現地住民の抗議や自然保護運動の反対に直面するなど、後の時期に難問を残したが、南北高速道路、桃園国際空港などは大成功、画期的な意味を持ったといってよい。

重化学工業振興策の背景は、六〇年代に、化学合繊・アパレル、プラスチック製品、雑貨などの、労働集約型輸出製品工業が発達した結果、石油化学原料や鉄鋼素材の輸入が増大し、規模の経済から見て、これらを台湾内自給生産する条件が整ったという事情があった。石化原料と鉄鋼の輸入代替をはかること、国内生産した鉄鋼で大型船舶の国産化をはかろうというのが、「十大建設」における重化学工業投資の狙いであった。

投資は、当初民間資本を集める予定だったが、当時、民間の大規模投資の意欲は低く、結局、公営企業として進められた。このうち、造船は、建造技術と資材調達面で依然外国への依存度が高く、公営企業の官僚経営の非効率にも災いされて、長期の経営不振に陥り、鉄鋼もそれに引きずられて、思わしい成績は上げられなかった。

しかし、川下に旺盛な輸出加工部門を持ち、輸入代替工業化の条件の成熟していた石化部門への投資は目覚ましい成果を上げた。七〇年代中に化繊紡績とプラスチック加工における原料の自給体制を確立し、八〇年代には輸出市場に進出を始めた。石化事業振興策は、七〇年代以降の産業発展に大きく貢献したのであった(隅谷三喜男・劉進慶・凃照彦『台湾の経済』)。

劉進慶は、台湾経済の七〇年代を「不安定成長期」と呼んでいる。七三年の石油ショックの影響で、七四年は、ゼロ成長に等しく(成長率一・一%)、物価は四〇%の高騰を見せたが、七五年には、「十大建設」の巨額投資の効果で、成長率四・三%と持ち直し、七四年から七九年まで、結局、年平均八・四%の高成長を記録した(劉進慶「ニックス的発展と新たな経済階層」)。交通・運輸インフラ建設の成功と石化が今

農民と談笑する蒋経国

日にも続く基幹産業に育ったことから、また、このようなマクロのパフォーマンスから見て、「十大建設」の経済的効用は、項目により凹凸はあるものの、総じて成功した試みだったといえるだろう。

そして、それは確かに台湾を、その景観まで含めて、変えてしまった。断交後も、台湾と日本の経済関係は衰えるどころか逆に拡大し、往来は盛んとなったから、このような変化を目の当たりにした日本人も少なくないだろう。筆者もその一人である。

筆者は、七三年三月に初めて台湾を旅行した。到着した飛行場は、台北市東部の松山空港、島内南北の長距離移動の主役はまだ鉄道であり、特急列車の服務員は、女性の花形職業であった。空港も鉄道も、日本統治期に作られたものをそのまま使っていたのであった。二回目の旅行は、七年後の八〇年三月であった。到着したのは、桃園国際空港、台北市内までは高速道路を走った。沿線の光景から、高速道路の開通とそれがもたらす効果とが、新たなレベルの都市機能の集積と都市空間の肥大を生んでいることが見てとれた。都市としての台北は、淡水河（行政区画としての台北市の南の境界でもある）を越えて、隣接する台北県の三重や板橋などを呑み込んでいた。今日に言う「大台北」形成の趨勢が明白となっていたのである。南下して、高雄では、七三年にはがらんとしていた都市計画道路の碁盤の目は、ビッシリと建て込むビルディングに埋め尽くされていた。

このような景観の変化までもたらした「十大建設」の背後には、蔣経国の抜け目無い政治手法があった。それを、台湾人の一実業家は、いわば「韓非子的マキャベリズム」だと評している。

行政院長になると、かれは企業に対する徹底的な脱税摘発をやった。政治大学の財政学科の卒業生をそっくり調査局へ送って研修させ、その後で国税局に入れ、まず大企業から、そして中堅どころ、と徹底的に摘発をやって、今日の税制の基礎を作った。企業をやってももうからないのではないかとの感じが、当時企業界にも広がった。しかし、蔣経国はそれで浮いた金をいわゆる「十大建設」というインフラ建設にまわした。この時までに戦前に日本が基礎を据えた道路・港湾などのインフラは飽和状態だったから、インフラ建設ができると、景気がよくなって企業も潤うようになった。その後の発展はこのためだ。

蔣経国のマキャベリストたる所以は、企業を苛《いじ》める一方で、農民は甘やかしたことにある。農民が政治化してもらっては困る。企業に関する税制を整え脱税の摘発体制を築いたが、土地税制には手をつけなかった。つまり、土地に対する課税は公示価格にするのであって、実際の取引価格に対してではなかった。わざとそうしたのだと思う。このため、「十大建設」の土地値上がりで地方の土地持ちは金持ちになった。多くの農家が土地成り金になって遊びほうけた。地方政治の上での特権を使って土地転がしして肥太る地方勢力が出てくるのはこういう文脈である。中央の政治は部分的開放しかしないで、地方公職についてのみ全面的選挙政治が行われていたから、地方から選挙が腐敗していったのである。李登輝総統は、今「黒金政治」（地方末端の政治に「黒道」と呼ばれるヤクザがからみ、金権政治と結合すること）を攻撃されてそれが弱みとなっているが、そのもとは蔣経国のマキャベリズムにあるのだ。これも、大企業という当時でいえばまだ一種特権的なエリートを叩いて、地方の、土地だけはある農民を金持ちにした政策だから、韓国の独裁者朴正熙の初期のやり方に似ていなくもない。独裁者は独裁者のやり方で人民の人気を得ようとするわけである（H氏へのインタヴュー、一九九六年三月一二日）。

3 「増加定員選挙」

ところで、H氏のこのコメントにも出てくる「政治の部分開放」、つまり、非改選議員で占められる「万年国会」の定期部分改選の実施、そして党・政部門への本省人の積極登用の開始、これらが、政治面での蔣経国の危機対応の主たる内容であった。

前章に見たように、蔣介石時代には、地方公職は本省人、中央・国政レベルは外省人、という政治エリートのエスニックな二重構造が形成されていた。後述するように、「万年国会」の定期部分改選（「増加定員選挙」）は、国会としては部分改選だが、地域としては「総選挙」であったから、当選者のほとんどは本省人となる。したがって、この制度は実施されると、徐々にではあるが、本省人の積極登用策

（「台湾化」政策）と相まって、この二重構造を、いびつな形ながら部分的に緩和する意義を有した。政治エリートのエスニックな二重構造の緩和をはかることによって、台湾人エリートをひきつけ、内部を固めること、これが、蔣経国の対応策の核心であった。まず、選挙制度の改革から見てみよう。

一九六六年、蔣介石を総統に四選した国民代表大会で、張知本ら一部の代表は、「自由地区」、すなわち国府の実効支配下にある台湾・澎湖および金門・馬祖などの大陸沿岸諸島において中央民意代表の定期改選実施を規定する「反乱鎮定動員時期臨時条項」の増訂を提案した。内戦期の大陸で選出された非改選議員の老化が、そろそろ目立ち始めている頃であり、この提案は、このまま推移するならば、国民党政権を中国の正統政権とする「法統」の実体的根拠が、自然の摂理により消滅していくという当然の帰結が、近い将来の体制危機として国民党内部でも意識され始めたことを示している。だが、この時はまだ機が熟していなかったと見えて、提案は否決され、結局、台湾における欠員と人口増に応じた定員不足を補うという名目で「欠員補充選挙」実施のみが決定された。欠員補充にすぎないから、当選者も第一期議員＝非改選議員ということになる。

選挙は三年後の六九年にようやく実施され、国民大会代表一五名、立法委員五一名（この他に間接選挙で監察委員二名）が選出された。この中には、台北市から無党派で当選した黄信介がいる。黄信介は、後に「党外」勢力のリーダーとして美麗島事件で検挙・投獄され、議員資格を剝奪された（釈放後、野党民進党の党首を一時務めた）。

このように、ごく少数の、しかも非改選議員を一回限りで選出するのみでは、実効支配地区の住民を代表しうる議員が全体のわずかしか占めないという、「万年国会」の代表性の矛盾を何ら緩和するものではなかった。

そこで、まもなく到来した対外危機と権力継承の転機に際して、蔣経国が党歴の古い元老たちに対して自己の立場を固めるため、一定の改革議論を許容する姿勢を示すと、危機意識を持った青年知識人が『大学雑誌』に結集し、国会全面改選をはじめとする改革主張が噴出した。こうした改革論議は、日本の尖閣列島領有主張に抗議する「釣魚台保衛運動」が、おりから香港やアメリカ華人・留学生の間に起こっていることに乗じて、また、救国団主任としての蔣経国の「青年導師」のイメージをも利用して、「青年の愛国言論」のポーズのもとに提出されており、正面から弾圧しにくい事情もあった。初めて公開的に国会全面改選の主張を『大学雑誌』に書いた陳少廷氏は、「当時は台湾人としての意識は言えなかったから、蔣経国の旗を借りて実質は国民党に反抗したのだ」と回想している(陳少廷氏へのインタヴュー、一九九四年七月二七日)。

もちろん、この時期の改革言論の最大限綱領とも言える国会全面改選は実現しなかった。実現したのは、七二年に「臨時条項」再度の増訂により導入された「反乱鎮定動員時期中華民国自由地区増加定員選挙」であった。これは、①「自由地区」と海外華僑について議員の定員を大幅に増やし、「自由地区」については普通選挙で、海外華僑については総統の指名によって定期改選する、②大陸選出議員と前述の「欠員補充選挙」で選出された議員は、改選せずそのまま職権を行使し続ける、というもので、結果的に、国民大会代表(任期六年)については八六年まで、立法委員(任期三年)については八九年まで続けられた。

これは、国民党のエリートには、当面はなかなか有用な、典型的「権威主義選挙」の制度であった。この制度においては、時とともに消滅していくはずの「法統」の実体が、「増加定員議員」という形で定期的に補充され、同時に、ほとんどが国民党員である非改選議員はそのまま職権を行使する。ゆえに、当分の間選挙結果がどうあろうと、議会における国民党の地位やその政策を左右することにはならない。だが、選挙実施区域は、政権の実効支配地域のほとんど全域にわたるのであるから、「増加定員選挙」は、形式的には選挙民の総意を反映する、一種の「総選挙」となる。国民党は、その巨大な組織と膨大な資源を駆使して、この選挙で圧倒的な議席数と得票率を確保し、中央政治のレベルでも国民の信任を得たと主張する根拠を定期的に調達することができるのである。

陳少廷らが提起した「国会全面改選」は、体制内改革の主張というよりも、実質的には、現体制に対する体制転換の代替案であった。全面改選が実現されれば、「法統」の実質は消滅し、台湾の「中華民国」の正統性は、台湾において選挙を経て表出される民意におかれる。戒厳令の恒常化により政治的自由を制限し続ける根拠はなくなり、国政における国民党の、また、外省人エリートの政治独占は打破されざるをえない(これが、実際、李登輝時代の民主化で起こったことである)。蔣経国はこの危機に当たり、「中華民国」の政治経済の全体を「台湾化」の方向に舵をきったといえるのだが、ここまでの変革に踏み切る用意はなかったのは、当然といえば当然であろう。独裁者による上からの急激な政治動員が、何をもたらすか、対岸・中国の「文化大革命」が、十分すぎるほどの実例を見せつけていた。他方、台湾社会にも、この代案を体制に押しつけて行くだけの力を持った反対勢力は、まだ存在しなかった。『大学雑誌』グループは、「反対派」(opposition)でさえなかった。

結局、蔣経国は、「増加定員選挙」の実施を決めて、権力継承の過渡期を乗り切ると、『大学雑誌』グループ切り捨てに動いた。同グループには様々な圧力が加えられ、七三年中には、国民党に吸収されて新たなテクノクラートとして上昇していく者、国民党党外に出て反国民党の政治活動に転ずる者、そして自由主義的姿勢は維持しつつも象牙の塔に閉じこもる者などに分裂し、対外危機に触発された知識人の改革運動は解体していったのであった(南方朔『中国自由主義的最後堡塁』)。

だが、後で述べるように、「増加定員選挙」が開いた新しい政治空間の中に、まもなく「党外」と称される組織された反対派が登場してくるのである。

4 「台湾化」の寵児

蔣経国は、権力継承の最終段階に入ると、新たな人事政策を打ち出した。その眼目は、戦後二〇年の社会・経済的発展のなかで上昇してきた本省人のエリートを、選択的に取り込み、政権の支えとすることにあった。蔣経国自身も、またその部下も、この政策を「省籍」を連想させる呼称で呼ぶことはしなかったけれども、外国のマスコミなどでは、これは「台湾化」と称された。この「台湾化」政策には、二つの側面があった。

一つは、国家エリートの予備軍の整備であった。蔣経国は、「青年才俊」の抜擢を唱え、一九七〇年以降、腹心の李煥を、行政院青年輔導委員会主任、救国団主任、革命実践研究院(国民党の上級研修機関)主任、国民党中央党部組織工作委員会など、党・政の青年工作、組織工作部門の要職を兼任させて、新政策の実施にあたらせた。

抜擢された「青年才俊」には、台湾人も比較的多く含まれており、抜擢は、国家官僚組織のみならず、それまで登用の少なかった中央党部幹部や地方党部主任クラスにも及んだ。このため、李煥の新人起用は、「吹台青」と皮肉られるほどであった。「吹台青」とは、「ホラの吹ける台湾籍の青年」(会吹牛的台籍青年)の意味で、当時の人気女優崔苔青と中国語の発音がほぼ同じになる。こうした言い方が流布すること自体、担当者が否定しても、この政策が当時から「省籍政治」の文脈で理解されていたことの証左であろう。

『大学雑誌』で改革の論陣を張り、後に反国民党に転じた張俊宏、許信良なども、当時は李煥により中央党部に抜擢されて、未来の国家エリート予備軍の一人となっていたのである。また、これら台湾人「青年才俊」は、地方公職選挙を通じて各地に形成された「地方派系」と呼ばれる地方勢力牽制のため、七〇年代後半になると、続々と地方公職選挙に投入されていった。

蔣経国はさらに、国家エリートのレベルでも、「半山」(日本統治時代から中国大陸にわたり国民党に追随した経験を持つ台湾人)以外は、一部の例外を除いてほとんど登用されなかった蔣介石時代に比して、思い切った台湾人の抜擢を敢行した。

まず、内閣では、七二年行政院長就任とともに、閣僚中の本省人をそれまでの三名から七名に増やした(副院長、四名の政務委員、内政部長、交通部長)。われわれのもう一人の主人公李登輝は、前述のように、この時、農業問題担当政務委員として初めて政治の舞台に立っている。重要地方首長では、初めて本省人を台湾省主席に起用した。ただし、この時は「半山」の謝東閔であった(以後、林洋港、ついで李登輝)。後に、李登輝のライバルとなる林洋港は、この時、南投県長(六八年、国民党公認で当選)から台湾省政府入りし、建設庁長に任ぜられた。これは、「小内閣」と呼ばれる省政府委員の中でも大規模の予算を扱い、「実力」を養える重要ポストであり、林洋港は後に、七六年台北市長、七八年台湾省主席、八一年内政部長と、トントン拍子に出世した。李登輝は、内閣入りは早かったが、七八年台北市長、八一年台湾省主席と、その後のキャリアでは、林洋港の後塵を拝していた。林洋港、李登輝ともに、蔣経国の「台湾化」政策の寵児であるが、八四年の李登輝副総統就任で逆転するまで、県政府職員として基層からたたき上げ、公職選挙の洗礼も経ており、党歴も長い林洋港が明らかにリードしていたのであり、林洋港こそが台湾籍政治家の星だったのである。

党の要職についてみると、蔣経国は、父の存命中は党の人事には手を着けなかったが、その死後、自身が党主席に任ずると、七九年以降、党歴の古いメンバーはそのままに、新たに政府の要職に任命した本省人を追加していく形で、党の中核組織である中央常務委員への登用をしだいに増やしていった。七九年の党第一一期中央委員会第四回総会(一一期四中全会)で、それまでの一八%(二二分の四)から三三%(二七分の九)に、八六年の一二期三中全会で四五%(三一分の一四)に、そして李登輝時代になった八八年一三期一中全会で、五一%(三一分の一六)と半数を超えることになったのである。

七〇年代初頭、台湾の「中華民国」を襲った対外危機に際して、蔣経国の舵取りは、以上のようなものだった。今日の台湾の「中華民国」のあり方は、この蔣経国の舵取りを抜きにしては考えられない。その、当時は明示されなかったスローガンが、「台湾化」ないしは「台湾志向」であったことは、今となっては明白であろう。このことは、七〇年代初頭の「中華民国」の対外危機が、その正統性の危機であったことを物語っている。この台湾社会にとっての外来国家は、蔣経国によって、その国家運営の舵を、ひそやかに「大陸反攻」から台湾社会の方へ向けることで生き延びたのである。

『大学雑誌』グループの台湾籍の有力論客だった陳少廷氏によれば、当時蔣経国が同グループに面会し意見を聞いたとき、話が一般的な改革問題から、台湾人インテリは特務機関に引っ張られると、外省人のようにコネがないから、守りようがない、といった省籍問題がらみの話題になるや、すぐ緊張の表情をみせたという(同氏への前掲インタヴュー)。また、彭明敏氏によれば、氏が「台湾人民自救宣言」事件で逮捕されるまで続いていた同氏宅の「サロン」(事件直前まで李登輝も顔を出していたという)では、蔣経国がクーデターをやって「万年国会」を解散し、全面改選を実施すれば、蔣経国は台湾の「国父」になれるといった議論も出たという。また、彭明敏氏自身は、蔣経国は、自分の政府がもはや大陸には帰れないことを承知しており、唯一の生存の希望は台湾人に受け入れられていくことだと認識している、と観察していたという(同氏へのインタヴュー、一九九四年一二月五日)。蔣経国が、台湾という複雑な島の統治に必要な鋭敏さとリアリズムを持ち合わせたストロングマンであったことを傍証する観察といえよう。

さて、ここで、ようやく李登輝が、台湾政治の表舞台に姿を現した。その大学卒業から内閣入りまでの足跡をたどっておこう。

一九四九年、李登輝は、台湾大学卒業直前に同郷の幼なじみ曾文恵と結婚、卒業とともに農学部助手に採用され学究生活に入ったことは、すでに述べた。学究の生活は、いつでも手元豊かとは言えない。まして戦後インフレの未だ収まらぬ時期であった。三芝郷では曾家は李家よりだいぶ裕福だった。台北名門の第三高等女学校を出て台湾銀行に勤めていた曾文恵は、給料を金の指輪や貴金属に換えて持参金にすることができた。また家計の足しにするために曾文恵が自宅で生け花教室を開き、李登輝がガリ版を切ってその教材づくりに協力していたと言われる(伊藤『李登輝伝』)。翌年、長男誕生。

五二年三月、長女が生まれてまもなく、李登輝は教育部の第一回アメリカ国務省留学試験に合格、台湾大学助手を辞して、アメリカのアイオワ州立大学に単身留学した。翌五三年四月、農学修士号を取得して帰国、台湾大学農学部に復職し、講師に昇格した。留学中の奨学金は一カ月一五〇米ドル(当時台湾大学の教授の給料が一〇〇ドル)だった。李登輝は努めて節約し、台湾の妻子に送金していたという。時に、李登輝の大学卒業の頃開始された農地改革は、最終の「耕す者其の田有り」政策の実施段階を迎えて、農業生産は戦前の最高水準を回復し、台湾の経済は成長の軌道に入ろうとしていた。

翌五四年四月、台湾大学と兼務で台湾省農林庁技師兼農業経済分析係長に就任した。留学から帰国後、アメリカの援助機関である農復会(中国農村復興連合委員会、Joint Commission on Rural Reconstruction)の職のオファーもあった。農林庁技師は月給五〇〇元、農復会は米ドルで二〇〇ドル(台湾元で八〇〇〇元)であったが、大学の恩師で当時台湾省政府農林庁長の任にあった徐慶鐘のすすめにしたがったのである。ここから、李登輝は、学究のみでなく、農地改革後の台湾農業発展の実際にかかわる農業経済テクノクラートの道に入った。この年、次女が生まれた。ただ、月給五〇〇元では家族五人を養うのは苦しく、翌年から、台湾省合作金庫の研究員も兼任した。そして、この頃書いたレポートが認められ、再度農復会に誘われ、五七年ようやく農復会入りした。この年、恩師徐慶鐘は内閣入りして、内政部長に任じられている。

六五年、李登輝は、アメリカのロックフェラー財団とコーネル大学の奨学金を得て、再度留学のため渡米した。コーネル大学での博士号取得のためであった。一説に、学位が修士までなので、国際会議などに出ても、"Dr. Lee"とは呼ばれず、"Mr. Lee"と扱われるのが、自尊心に触ったのが、四二歳、三児の父にもなって再度留学しようとする動機だったという(何洛編著『李登輝全記録一九二三—一九九六』)。負けん気の強い李登輝の性格からすれば、ありそうな話である。論文のテーマは、「台湾における農業・工業間資本移動(一八九五—一九六〇年)」というもので、関連の研究はすでに進めており、データも出発前から集めてあり、足りないと農復会の部下に手紙を書いて送らせたという。

すでに農復会に在職したこともあって、今回の留学は、前回のような苦学とはうって変わって余裕あるものだったようだ。大学のあるニューヨーク州イサカに妻の曾文恵も呼び寄せ、夫婦でゴルフを覚え、週末には、自宅に若い台湾留学生を招き、自らビフテキを焼いてもてなした。ゆえに「牛排李《ビフテキ》」のあだ名が付いたという。

六八年、李登輝は論文を完成、五月に念願の学位を得て、七月夫婦ともどもアメリカをたって、ヨーロッパ、中東旅行を楽しみ、台湾に戻った。帰国後、農復会に復帰、兼任の台湾大学のほうは経済学科に移り、教授に昇進した。

台湾大学で講義する李登輝

このように述べてくると、努力家タイプの有為の青年が、妻に支えられ、恩師に引き立てられて、いかにも順調に自己実現してきた軌跡に見える。確かに、戦前の日本の帝大に学び、戦後はアメリカの有名大学の学位を獲得し、台湾大学で教鞭をとり、アメリカの援助機関に高給で迎えられるのは、誰もがうらやむキャリアである。

しかし、それが事実の一面にすぎないことを、われわれはすでに知っている。それは、戦争に親族を友人を奪われ、自身も死と隣り合わせの青春を送ったという、「大正生まれの数奇」だけではない。大学時代の「読書会」参加のため、李登輝は政治警察の監視下にあった。そのハラスメントが若い夫婦を苛《さいな》んでいた。「かつてわれわれ七十代の人間は夜にろくろく寝たことがなかった。子孫をそういう目には遭わせたくはない」と司馬遼太郎に語った言葉は、単に一般的状況を回顧しているだけではない、彼ら夫婦の若き日々のことをも語っているのだと考えられる。「司馬さんと話をするときどんなテーマがいいかなと家内に話したら、『台湾人として生まれた悲哀』といいました」と李登輝自身が語っているのである(司馬『台湾紀行』)。

伊藤潔によれば、六一年四月、李登輝は台北のキリスト教集会所(後に台湾キリスト教長老会に属する)で入信している(伊藤、前掲書)。李登輝自身の語る所によれば、妻が先に入信し、自身はその一年後に入信した。「当時は台湾大学の教師であり、時間にも比較的余裕があったので、週に五日は教会に通ったのです。台北の教会という教会には、みな行ってみた」という。李登輝自身は、思春期からの社会に存在する不公正に対する疑問、自我の混乱、そして生と死の問題に対する煩悶が、入信の契機であったとして、政治警察のハラスメントとの関連を述べてはいない(李登輝『愛と信仰』)。しかし、時代背景と巷間に伝わる見方を考えれば、夫が神経の参りがちな妻をかばいつつ、信仰に心の支えを見いだそうとする李夫妻の姿を思い描くのは、あながち無理な想像とは思われない。

だが、皮肉にも、その政治警察のハラスメントが、李登輝の政治の表舞台への道を開くことになったのである。ゆがんだ政治体制がもたらした、ゆがんだ機縁が、李登輝に幸いをもたらした。伊藤潔によれば、次のような経緯であった。

前に触れたように、七〇年四月、訪米中の蔣経国に対する台湾独立派の暗殺未遂事件が起こった。この時、犯人としてアメリカ当局に逮捕された黄文雄と鄭自才が、李登輝のコーネル大学留学時代、李登輝のビフテキ・パーティの常連であった。特務機関は、李登輝と二人との関係を疑い、同年六月、李登輝は台湾の農業技術援助団団長としてバンコクを訪問することになっていたが、出国を差し止められた。

李登輝の身辺はにわかに緊張したが、幸いにも内政部長になっていた恩師徐慶鐘と農復会の上司沈宗瀚のとりなしで事なきを得た。そして、このことが機縁で、この二人の紹介により、翌七一年八月、蔣経国に農業問題専門家として紹介された。時に、蔣経国が最高権力後継態勢に入り、台湾人の人材を求めていたことは、すでに指摘した。蔣経国は、この時の台湾農業に関する李登輝の報告に感心し、李登輝に国民党入党を勧め、李登輝は、この年一〇月、経済学者の王作栄(現監察院長)の紹介で入党した。蔣経国のお声掛かりで入党した人物に、特務が監視を続けることはできない。以後、李登輝は政治警察の監視から免れることとなり、そればかりか、翌年、蔣経国の組閣とともに、政務委員として入閣したのである。最年少の閣僚とはいえ、李登輝は時に、四九歳であった。

第六章　窮地に立つストロングマン

行政院長に就任したとき、蔣経国はすでに六二歳、若くはなかった。そして、病んでいた。糖尿病が持病であるのがわかったのは、一九五〇年代とも六〇年代ともいわれる。蔣経国は悪い患者であった。治療らしきことは、インシュリン注射のみ、飲食や生活上についての医師の勧告は全く聞かず、政務に励んだ。

その精励ぶりをよく物語るのが、行政院長になってからの頻々たる地方視察である。週末になると、野球帽をかぶり、ずんぐりとした体軀をジャンパーに、あるいは開襟シャツに包み、公共施設の建設現場に、収穫前の水田や果樹園に、夕暮れのマーケットに現れ、翁《おきな》・媼《おうな》に話しかけ、幼な子を抱き上げ、勧められれば路傍の屋台のそばやスープも喜んで口にした。健康と衛生を慮って制止しようとして、叱責を受けた随従の地方首長も珍しくないという。

「人民とともにすごすときが一番楽しい」と蔣経国は語っていたという（翁元口述、前掲書）が、それは、外来の政治家族を率いる統治者としての、凄絶ささえ感じさせる真剣な政治行為だったと、今にして思われる。外交危機により政権の対外的正統性に打撃を受けて、台湾社会に政権がいっそう正対しなければならないときに権力を受け継いだ蔣経国は、その「特務の元締め」といった暗いイメージを払拭し、「民に親しむ」リーダーの形象作りに腐心した。七〇年代初め『大学雑誌』グループの一員として蔣経国に会っていた陳少廷氏は、「あなたの姿は大多数の民衆には見えていない。田舎に行って『おじさん』『おばさん』と話せ」と建言したという（同氏への前掲インタヴュー）。救国団を通じた「青年の導師」のわざとらしいイメージでは不十分であったのである。

もちろん、「強人《ストロングマン》」の地方視察の狙いが、イメージ作りだけにあるわけはない。その多くが「地方派系」のリーダーである地方首長に自ら監視を行き届かせ、ときに彼らの要望を直接聞き届けることにより、彼らとの間の恩顧・随従関係《パトロン・クライアント》を維持したのである。それは、国民党の地方支配にとって必須のルーティーンでもあった（陳明通『派系政治與台湾政治変遷』）。

そしてまた、それは、蔣経国自身にとっては、統治の安定と自らの健康とを引き替えにする行為でもあった。八〇年代初め、蔣経国の病状は進む。そして、一〇年前の父とは異なり、奇跡的に持ち直した数年のうちに蔣経国が下したいくつかの決断が、台湾の政治に新しい時代を開いたのであった。

1　社会の変貌

ここで、しばし目を台湾社会の方に転じてみよう。

一九六〇年代からの持続的な高度成長は、台湾の社会を一挙に農業社会から工業社会へと変容させた。六〇年代中頃がその転換点である。六五年に、ＧＮＰの産業部門別構成で、第二次部門（鉱工業、建設業、電力・ガス・水道事業など)が第一次部門(農林・水産・牧畜業)を凌駕し(二八・六%対二七・三%)、輸出に占める工業製品の割合も、四六%に達した。工業化は、その後もいっそう加速され、七五年には、就業人口比においても第二次部門が第一次部門を越えた(三四・九%対三〇・四%)。

工業化の進展は、都市化の進展でもあった。実は、戦後台湾では、都市(人口二万人以上の集落)居住人口の総人口に占める割合は、五二年時点ですでに四七・六%となっていた。これは、戦前に比べても急速な上昇を示す数字であるが、四九年前後の一〇〇万を超える中国大陸からの外省人の移住によるものである。これら外省人は、ほとんどが国民党政権とともにやってきた「軍公教人員」(職業軍人・公務員・教員)とその家族であり、台北市や高雄市など、軍・政機関が所在する大都市やその付近の小都市に居住した。しかし、六〇年代半ば以降は、工業化による都市化の趨勢が明白となった。農村から流出したのは、初期は若年の過剰労働力であったが、以後は基幹労働力の流出が始まり、農業就業者数は絶対的に減少していき、これに伴い都市居住人口が増大したのである。都市に住む人口の割合は、六二年の五二・〇%から八〇年の七〇・〇%に上昇している。

ただし、台湾の場合は、国土が狭く、交通も早くからそれなりに発達していたから、労働者の通勤範囲は広く、多数の中小企業が地方の小都市にも立地した。これが、農業から工業への労働力移動がスムーズに行われた一因である。また、これにより、他の開発途上国に見られたような、急速な工業化に伴う都市人口の爆発的増大と大規模スラムの形成といった問題は避けられた。しかし、大気や河川の汚染などの公害はかえって広く拡散することとなり、それに対する対策も後手後手にまわり、台北市など大都市の大量交通システム建設の遅れなどともあいまって、都市のみならず都市周辺地域の生活環境一般の悪化はしだいに深刻化していった。先回りして言えば、こうした工業化の外部不経済の蓄積が、八〇年代以降、環境保全運動などの社会運動が政治的自由化を促す原因とも結果ともなりながら、頻発する背景となっているのである。

教育の普及も進んだ。日本植民地統治時代末期にすでに初等教育就学率は七割を超えて、もともと農業社会としては教育の普及は進んでいるほうであったから、工業化とともに顕著に進行したのは、高等教育の普及であった。高等教育（大学・専門学校以上）を受けた者の、六歳以上の人口に対する比率は、五二年の一・四％（八万六〇〇〇人）から八五年の九％（一二五万九〇〇〇人）に増加している。

文化的に見ると、教育の普及は、かつて日本植民地支配の影響を受けた本省人の「中国人」への再同化の進展でもあった。植民地時代に、日本語が「国語」として学校と公的場面において使用が強制されたように、戦後は、中国普通語が新たな「国語」として普及がはかられた。八〇年代以降の「台湾意識」の台頭に見られるように、この再同化も本省人のいわば「台湾本位」のものの見方や感情を消滅させることはできなかったが、戦後世代の言語的また社会的な同化は進んだ。九〇年代で言えば、六〇歳以下の本省人のほとんどが「国語」を流暢に話し、都市の若い世代では、母語の台湾語が逆に不自由である者も出現した。また、教育程度が高い層ほど外省人との結婚が珍しいものでなくなっていった。

工業化の進展で社会階層も多元化した。戦後初期、台湾社会の階層構造は比較的単純であった。社会の上層を占めたのは地主であり、この他、少数だが、企業家、医師・弁護士などの自由業者、地方行政担当の公務員などの中産階級と称しうる人々がいた。これらは、経済的には多くは地主階級に属し、植民地下で近代教育を受けた人々であった。これに、四九年以後、多数の外省人「軍公教人員」の移住が加わり、中産階級の層を厚くした。また、農地改革により、地主階級が消滅し、一部は都市商工業者に転じた。

六〇年代以降の工業化は、農村からの都市工業部門とサービス部門への労働力の流出により、大量の都市労働者を新たな社会要素として生むとともに、中産階級の層を急速に厚くしていった。「軍公教人員」の列に加わる本省人の漸増とともに、六〇年代以降、輸出加工部門が中小企業に担われたことによって、大量の台湾人の中小企業家が出現したためである。

2 「党外」勢力の誕生

以上、一九六〇年代に始まった経済高度成長は、依然農村との紐帯を残しつつも増大する都市労働者階層と、輸出加工部門に急速に膨張した中小企業家を中心とする台湾人中産階級を、新たに登場させていた。これと並行して全般的な教育程度の底上げと、新たな「国語」への言語的同化の趨勢があった。これらを考え合わせると、七〇年代には、経済階層的には中産階級に属する「国語を話す高学歴の台湾人」(Mandarin-speaking educated Taiwanese)が、強い上昇志向を持って台湾社会の各方面で台頭しつつあったものと想定できる。

台湾経済の高度成長の過程では、輸出加工部門は、参入のコストが小さく、また台湾内部市場が、公営企業や政権の保護を受けた少数大企業に独占ないし寡占される状況にあったため、この部門の中小企業は、輸出に乗り出さざるをえず、低い利潤率の下で相互にも競争状態にあって、浮き沈みの激しい状態にあった。このため、労働者や農家の子弟と中小企業家などとの階級的境界は明確でなく、前者から後者への階層的上層の流動性が相当程度存在したと考えられる。したがって、この「国語を話す高学歴の台湾人」は、単に台湾人中間階級のみでなく、経済発展とともに徐々に力をつけつつあった台湾社会総体の発言意欲の増大を体現する層であったとも想定できるのである。

視点を、このような「国語を話す高学歴の台湾人」の側に移して眺めれば、前章に見た蔣経国の改革は、「台湾化」の方向に踏み出したものとはいえ、いかにも不十分なものであった。国会の定期部分改選は、明白な権威主義選挙であり、人事の「台湾化」も、安定重視の極めて漸進的なものであって、例えば、内閣の外交、法務、財政などのより権力の核心に近いポストに台湾籍の者を充てることも、党の中常委の過半数を台湾籍のエリートが占めることも、蔣経国の時代には実現しなかった。加えて、戒厳令や特務機構の監視の下での言論・結社の自由の抑圧は相変わらずであった。

そこで、七〇年代には、これらの制度の改革による政治的自由の獲得、人権の保障、政治参加の拡充、つまりは民主化を求めて行動する「政治起業家」が「国語を話す高学歴の台湾人」の中から生まれることとなる。これらの人々は、戒厳令下で明白な政治組織を持てず、事実上唯一の政党である国民党の外にある人々、との意味で「党外人士」と呼ばれた。次第しだいに、この「党外人士」と、かれらとの社会的距離がそれほど大きいわけではない都市労働者の選挙時の「街頭同盟」が形成される。やがて、「党外」とは、個別の「人士」ではなく、一つの政治勢力を指す固有名詞となり、七〇年代が終わったとき、蔣経国の漸進的改革プログラムの対極に、国民党の政治独占に挑戦し、これを打破せんとする政治的代案を持った一つの勢力として登場してきたのである。

七〇年代、台湾のインテリの間では、選挙は「民主假期」(民主のための祝祭日)と呼ばれた。短期間に抑え込まれたとはいえ、七〇年代初めにひさびさに政治改革の声が社会に響き、また「増加定員選挙」により国政レベルに政治競争の領域が開かれて、選挙という政治イベントの意義が高まり、地方選挙も含めて台湾の選挙の熱気を高めることとなった。「民主假期」としての二、三年に一度の選挙は、長い「戒厳期間」の中に開いた小さな「自由の隙間」であった。

まず、「増加定員選挙」が開始されるや、それまで「(台湾省議会の)一鳳五虎将」などと呼ばれていた一匹狼的な土着の党外人士がこれに参入していった。六九年の「欠員補充選挙」で黄信介が台北市から当選していたが、七二年の最初の「増加定員選挙」で、康寧祥、許世賢、黄順興などが立法委員に、黄天福(黄信介の弟)、張春男などが国民大会代表に当選した。そして、まもなく『大学雑誌』から転じた張俊宏、許信良などがこれに合流した。

張俊宏は、七三年、康寧祥の支援を受けて台北市市議会議員に立候補したが、敗れた。その後の七五年、康寧祥、黄信介らとともに『台湾政論』を創刊した。同誌は、五号まで出て、年末には発禁処分を受けて停刊した。『自由中国』が外省人自由主義知識人のみにより、『大学雑誌』が外省人と新興台湾人知識人と呉越同舟だったのに対して、『台湾政論』は、四九年以来初めて台湾人知識人が主導して営まれた政論雑誌であり、八〇年代前半に言論統制の打破に貢献したいわゆる「党外雑誌」の先駆けとなった。

さらに、党外人士は、七七年の地方選挙で、ひとつの勢力と言いうる規模を獲得するにいたった。台湾省管轄の県長・市長二〇名のうち県長二名・市長二名、省議会議員七七名のうち二一名、台北市議会議員五一名のうち八名という、空前の数の党外人士が当選を果たした。これは、国民党中央が、組織工作委員会主任の李煥の下で、それまで救国団系統で養成してきた「青年才俊」を多く公認して、地方公職選挙における「地方派系」依存を脱却しようとしたのに対して、それまで体制公認の地方政治権力の寡占状態の利益を享受してきた「地方派系」の多くが反発して、党公認候補の選挙応援をサボタージュしたためと見られる。「地方派系」の抱き込みも「青年才俊」の抜擢も、国民党のエリートにとっては不可欠の統治政略だったが、このときは、両者が衝突してしまったのである。

七〇年代の台湾の選挙の「熱度」は、また開票時の不正に対する党外人士とその支持者による監視(「監票」)と抗議の行動を強めさせることとなった。戦後台湾の公職選挙は、正規の選挙法が制定されず、相互に矛盾もあるいくつかの行政命令を根拠に運営されてきた。関連法規を未整備のままにしておいて、周密な特務機構を背景に選挙のプロセスと結果が操作されていたのである。選挙キャンペーンにおける不正（中心は「地方派系」による票の直接的買収＝「買票」）ばかりでなく、開票作業における不正（選挙管理者が得票数を勝手に操作してしまう＝「作票」）が跡を絶たなかった。反国民党候補の地盤と見られる地域の開票所では、投票箱にあらかじめ国民党候補の票が入っている、開票中にその開票所だけが突然停電し票が入れ替えられる、などの不正が行われた。

有力な「党外」候補が、キャンペーンの盛り上げに成功したにもかかわらず落選すると、支持者の間に強い「作票」の疑念が抱かれ、台湾の選挙の慣習である「謝票」（開票終了後、候補者が投票に感謝するために街頭を挨拶して歩く）に名を借りて、暴動寸前の抗議デモが発生することもあった。こうした開票時の緊張は、党外人士が一つの勢力となった前述の七七年地方公職選挙に至って、ついに実際の暴動として爆発した。「中壢《ちゅうれき》事件」である。

この年の選挙の全国的焦点は、許信良が出馬した桃園県長選挙であった。許信良は、七三年の省議会議員選挙で国民党公認で当選後、省議会で厳しい施政批判を繰り返したため、県長選挙で党の公認が得られなかったが、党規に反して立候補、国民党は、許を除名して対立候補を立て、党のメンツをかけて後押しした。許信良の周辺には、その国民党批判に共鳴する学生など若い世代が集まり、許陣営はアメリカばりの新鮮なキャンペーンを展開し、選挙の「熱度」は空前のものとなった。

一一月一九日の投票日当日、許信良側が厳密に「監票」部隊を組織したのは言うまでもない。ところが、桃園県の中壢市の一つの小学校を借りた投票所で、その管理責任者でもある同小学校の校長が、許信良に投票しようとしていた二人の老人の投票用紙を、手助けに名を借りて故意に汚して無効票にしようとしたところを、市民に指摘され追及された。件の校長は、警察官の援護で隣接する警察署に逃げ込んだため、一万人を超える群衆が同警察署を包囲して、抗議を続けた。許信良陣営関係者が、「事件は法律的手段で解決する」として群衆に解散を説得したが効果無く、群衆はついに同警察署を焼き討ちにしてしまった。軍が出動し、付近の幹線道路まで進出したが、鎮圧行動はとられず、騒ぎは自然に鎮まった。鎮圧行動をとれば、第二の二・二八事件が勃発していたかもしれなかった。蔣経国はそれを恐れたのであろう。そして、許信良の当選は確定した。暴動は、許陣営が煽ったものではなかったが、結果的に生じた党外人士と街頭の民衆との連合が、初めてその意志を体制に押しつけるのに成功したのである。

3　複合する危機と美麗島事件

一九七八年一二月一五日、米中両国政府は、翌年元旦からの外交関係樹立を発表した。予測されたこととはいえ、ついにやってきたこの再度の対外危機は、国民党政権に深刻な衝撃をもたらした。中国との外交関係樹立に伴い、アメリカは、台湾の「中華民国」と断交し、七九年末日をもって台湾の防衛へのアメリカの関与を明示した米華相互防衛条約が失効することとなったが、これを受けて、同年四月、アメリカの議会は、「台湾関係法」を制定した。

この「台湾関係法」は、断交後の台湾との関係維持のための関連機構やその人員の地位・権限を規定

米中国交樹立の際，台湾を訪れた米国の特使に抗議するデモ隊．1978年

した権限付与法規であるとともに、アメリカの台湾政策を立法化したものでもあった。これによってアメリカは、台湾防衛の条約上の義務は放棄したものの、国内法の形で、北京との外交関係保持という条件のもとで、考え得る最大限の待遇と保護とを台湾に約束したのであった。すなわち、同法第二条(b)には、①北京との外交関係樹立は、台湾の将来が平和的手段で決定されるとの期待に基づく、②台湾の将来を非平和的手段により決定しようとする試みは、西太平洋地域に対する脅威と見なす、③台湾に防衛的性格の武器を供給する、④アメリカは台湾の人々の安全や経済体制を危険にさらす、いかなる武力行使または他のかたちによる強制にも抵抗する能力を維持する、などが規定されているのである。

同法は、さらに第二条(c)に、「本法律に含まれる条項は、人権、特に台湾のおよそ一八〇〇万の住民のすべての人権に関する米国の関心に抵触するものではない。台湾のすべての人々の人権の保護および増進は、これにより米国の目的として再確認される」との規定も盛り込まれていた。これは、彭明敏ら在米台湾人のロビー活動が功を奏し、ペール上院議員の修正提案が採択されたものであった(彭明敏は、六四年「台湾人民自救宣言」で投獄・特赦後、七〇年台湾脱出に成功、スウェーデンを経て、アメリカに亡命していた)。

在外台湾人の反政府運動は、六〇年代までは日本が拠点であったが、米国の留学生の増加などとともに七〇年代以降アメリカに中心が移っていた。そして、台湾内の「党外」勢力の勃興につれ、在米台湾人コミュニティの政治的活性化が見られるようになり、台湾内の人権状況について、アメリカ議会の注意を促すロビー活動が活発となった。七九年末の美麗島事件(後述)に関しては、その軍事裁判の公開実現のため圧力をかけるようアメリカの朝野に働きかけ、八一年夏の陳文成事件(台湾出身の米カーネギー・メロン大学の教授陳文成が、台湾帰省中に警備総司令部に呼び出された翌日に変死体で発見された事件)では、下院外交委員会アジア太平洋問題小委員会での公聴会を実現させた。

そして、翌八二年二月には、こうした活動を推進する組織として台湾人公共事務協会(Formosan Association for Public Affairs, FAPA)が設立された。以後、FAPAは、下院外交委員会アジア太平洋問題小委員会で、八二年には長期戒厳令に関する公聴会、八五年には江南事件(後述)に関する公聴会を実現させた。また、ケネディ上院議員ら三十数名の議員が署名した国府に対して戒厳令解除を呼びかける声明の発表(八二年)、上院による「台湾の前途決議案」の通過(八三年)などについても、活発な働きかけを行い、急速に国府の在米出先機関である北米事務協調協会の向こうを張る、有力なロビー団体に成長していった。

「台湾関係法」は、アメリカの国内法であるから、アメリカ議会の意志でのみ改廃される。アメリカの公民やアメリカの法律に認められた個人・団体は、マス・メディアの利用やロビー活動により、アメリカの法と慣習とに従えば、「台湾関係法」の執行の監視を議会に働きかけることができ、それを通じて国府に圧力をかけることができる。

一方、国府は、中国から自立した存在を続けていこうとするなら、政治的にも軍事的にもまた経済的にも、断交後も依然としてアメリカに依存せざるをえない。国府はアメリカに背を向けるどころか、中国大陸に比した「自由」「進歩」のイメージをいっそうアメリカの朝野に売り込んでいかなくてはならない。政権エリートにとっての、国際的に生き残るための民主化、いわば国家理性としての民主化の選択肢が、ひそやかに浮上していた。

こうした状況下で、FAPAに代表される在米台湾人のロビー活動は、台湾内反対勢力にとっての保護膜として一定程度有効であり、その有効性が確認されると、反対勢力はさらに体制への挑戦をエスカレートさせることとなった。


一方、七〇年代初め、米中接近とともに、中国は「文革」で中断していた対台湾工作を復活させ、戦後国共内戦時の「国民党戦犯」の釈放とその台湾行きの許可などの一定の緊張緩和措置もとられた。だが、いわゆる「四人組」など文革派リーダーの極左的イデオロギー的妨害も災いして、七〇年代末まで対米関係の進展は順調とは言えず、それと連動して対台湾工作の展開もスムーズではなかった。このような遅滞は、前述のように蔣経国に「台湾志向」の内向きの政策による内部固めの余裕を与えた。

しかし、毛沢東の死と「四人組」打倒以後、近代化優先路線を掲げて実力者鄧小平が政治的復活をとげ、国政方針の大転換をはかり始めると、そうはいかなくなる。

米中の国交樹立が発表された七八年一二月一五日の翌日、中国軍は五八年の第二次台湾海峡危機以来隔日に行われていた金門島・馬祖島への砲撃を停止、さらに一八日から開かれた中共一一期三中全会は、大会コミュニケに「中米関係の正常化に伴い、わが国の神聖な領土台湾が祖国の懐に戻り統一の大業を実現する展望が開けてきた」との認識を示し、「台湾同胞、香港マカオ同胞、海外華僑同胞が愛国精神に基づき、ともに祖国の統一のために引き続き積極的に貢献することを歓迎する」と述べた。そこにはそれまで常套句とされた「台湾解放」の文言はなかった。一一期三中全会は、中国が脱毛沢東化を本格化させ「対外開放・経済改革」の近代化路線の起点となった会議であった。国家の内・外政策の転換と軌を一にして台湾政策の大きな転換が行われた。台湾に対するいわゆる「(祖国の)平和統一」攻勢が始まったのである。

翌七九年元旦、米中国交樹立と同日、中国全国人民代表大会常務委員会は、「台湾同胞に告げる書簡」を発表、台湾海峡両岸の相互理解促進のため「三通(通郵、通航、通商)四流(学術、文化、体育、工芸の交流)」を呼び掛けた。さらに、辛亥革命七〇周年に当たる八一年国慶節前夜(九月三〇日)には、時の全人代常務委員長葉剣英の名で台湾の平和統一に関するいわゆる「九項目提案」が発表された。それは、①祖国統一実現のための国共両党の対等な立場での交渉(第三次国共合作)、②「三通四流」実施のための取り決めの締結、③統一後、台湾は特別行政区として自治権を享有、軍隊を保有でき、中央政府は台湾の地方事務に干渉しない、④台湾の現行社会経済制度、生活様式、対外経済・文化関係は不変、私有財産権・相続権・外国の投資の利益は侵害されない、等を骨子とするものであった。③、④に関しては、翌年改訂された憲法第三一条に「国家は必要な時に特別行政区を設けることができる」との規定が盛り込まれた。また憲法序文からは「台湾解放」の語が除かれた。

中国側の新政策に対して、国府は「(共産党とは)妥協せず、接触せず、交渉せず」のいわゆる「三不政策」をとり、八一年四月の国民党一二回大会では「三民主義による中国統一」を決議して対抗しようとした。しかし、「民間」レベルでは「接触せず」の方針は速やかに形骸化していった。香港経由の間接貿易を中心とした台湾海峡両岸交易が着実に拡大し、大陸に親族を持つ外省人を中心として台湾住民の大陸訪問が増加し、台湾内投資環境の悪化を背景として、第三国・地域経由の台湾企業の大陸投資も静かに増大していった。

国府はこうした状況の追認を続けざるをえず、「三不政策」はしだいにオフィシャルなレベルのみのものとなっていった。八四年には「民間」の国際活動については「中共人員」との接触を「回避せず・譲歩せず」の原則で行うとし、八五年には、香港などを経由する間接輸出に限って大陸との貿易を公認した。そして、高まる圧力のもと、八七年一一月蔣経国はついに決断を下し、台湾住民の大陸里帰りを公認した。これは事実上の大陸旅行解禁であり、中台関係は、人的交流のある関係へと大きく変質することとなった。

中国との関係のこのような変化は、台湾の内部政治にも大きな影響をもたらした。長年敵として対峙してきた中国との緊張の緩和と実際の交流の増大が、それ自身で長期戒厳令、「反乱鎮定動員時期臨時条項」や「万年国会」をはじめとする、いわば「内戦態勢を固着させた」ような政治制度の不合理を、いっそう際だたせたばかりではない。「第三次国共合作」を掲げた北京の新たな政治攻勢は、もともと中華人民共和国とは縁が薄く、二・二八事件以来「中華民国」という外来国家とも折り合いが悪かった台湾社会の、国共の取引によって自分たちの運命が頭越しに決められてしまうのではないか、との不安をより現実的なものとした。

こうした不安の前では、住民の意志の形成・表明を阻む、長期戒厳令と「万年国会」の存在はいっそう不条理なものとなる。そこで、自由・人権と政治制度改革という民主化一般の要求と、台湾の運命は台湾住民自身の手で決められるべきだとする「住民自決」のスローガンが結びつくこととなる。七八年一二月、対米断交後に出された「党外」人士合同の「国是声明」は、国会の全面改選、戒厳令の解除、国民党に浸透されている軍隊の「国家化」などの、政治体制の自由化・民主化要求とともに、「台湾の運命は一七〇〇万人民により決定されるべきである」との主張を打ち出していたのであった。

こうして、国民党の権威主義体制に対置する政治的代案が形成されてくると、残る課題は、その実現を促進していく政治組織の形成であった。七八年一二月の「増加定員選挙」が対米断交の衝撃のもと、不測の事態を恐れた蔣経国総統の「緊急命令」によって中止されると、「党外」人士たちは、遠からぬ選挙の復活を見込んで(実際に八〇年に実施)、「党禁」打破の具体的行動に入った。事実上の政党を目指した美麗島集団の形成である。

党外勢力は、七九年八月、黄信介を発行人、許信良を社長として美麗島雑誌社を創立、月刊の政論雑誌『美麗島』を発刊した。発刊されるや、『美麗島』は、爆発的売れ行きを見せ、創刊号は何度も増刷され、発行部数は一〇万部を超えたとされる。これは、台湾の雑誌としては空前の記録であった。この勢いに乗り、同社は全島の一一カ所に、雑誌普及や読者サービスを名目として「服務処」を次々と作り、またその都度、服務処の「成立茶話会」や「読者の夕べ」といった名目で大衆集会を開催していった。

美麗島雑誌社には、「社務委員」や編集委員、「美麗島基金管理委員」といった名目で、社会主義的傾向の『夏潮』グループや、別に『八十年代』を出していた康寧祥らのより穏健なグループも加わっていたが、活動の主導権は、しだいに「自決」を強調する施明徳や張俊宏など、当時の急進派に握られていった。

美麗島事件での姚嘉文（車上中央）と施明徳（その右）.
1979 年 12 月 10 日

施明徳は、後の美麗島事件公判で、これらの活動の目的は、「党名を持たない政党を結成して国会の全面改選、地方首長の全面公選を主張していく」ことであったと述べている（『高雄事件専輯』）。「党禁」に真正面から挑戦するかれらの活動が始まると、これに反対する反共団体の挑発やいやがらせの活動が頻々と行われ、それに対して美麗島側が自衛策を検討するなど、しだいに緊張が高まっていった。

そして、「党外」勢力と国民党政権とは、ついに衝突した。一二月一〇日、世界人権デーに合わせて、美麗島グループは、高雄市内で集会を計画、施明徳が南下して準備にあたった。事前に申請した集会許可申請は却下されたが、それまでは土壇場で許可されることが多かったので、集会とデモは強行され、高雄市内の路上で、デモの隊列を封鎖した警官隊と集会用のたいまつを持ったデモ隊との間に衝突が発生してしまった。これを、美麗島事件ないし高雄事件という。

翌日から当局は、マス・メディアや学校教育系統を通じて、美麗島グループ＝暴徒とのキャンペーンを大々的に展開するとともに、数日後から、全島で一斉に党外人士を逮捕していった。そして、黄信介、施明徳、張俊宏、林義雄、姚嘉文ら八名を軍事法廷に起訴し(戒厳令施行中であるから民間人も軍事法廷で裁くことができた)、作家の王拓、楊青矗ら三二名を一般司法法廷に起訴した。軍事法廷において、八名の被告は、「台湾独立」の「叛国意識」を有し、この目的のため短期・長期の「奪権計画」を立て、それに基づいて美麗島雑誌社の諸活動を推進し、一二月一〇日には大衆集会を暴力活動に高め、政府転覆の目的を達成しようとした、と断罪され、施明徳が無期懲役、その他が懲役一二年から一四年の有罪判決を受けた。一般司法法廷でも、刑期は軽いもののほとんどが有罪となった。また、事件後一時逃走していた施明徳を匿ったとして、台湾長老教会総幹事の高俊明ら一〇名の教会関係者が逮捕され、これにも有罪判決が下された。

美麗島事件は、「党禁」打破にはやる「党外」の動きを見て、当局が注意深く仕掛けた罠であったとの見方がある。罠であったとするならば、それは成功し、「党外」はみごとに罠にはまった。当局は、康寧祥ら「穏健派」と、もともと台湾ではあまり潜在的支持は大きくはない左派人士を除いて、有力な「党外人士」を一網打尽にし、陰に陽にかれらを支持する台湾長老教会にも一矢を報いることができた。

だが、このように治安対策的には成功した罠も、政治的には失敗であることが、すぐ明らかとなった。「党外」を消滅させることも手なずけることもできず、美麗島事件は、国民党の「法統」に対抗する反対運動の正統性の歴史的源泉の一つとなっていったのである。成功した罠が失敗となってしまうほどに、対外的危機のなかで、「中華民国」と台湾社会との関係は、微妙な段階にたちいたっていたといえよう。

まず、国民党当局がコントロールできない海外で強い反発があがった。前述のように、「台湾関係法」第二条(c)が約束していたアメリカ議会を通じた台湾の人権状況監視のメカニズムは、この事件でははっきり活性化した。アメリカ国務省は、事態を憂慮するコメントを発表し、断交後大使館に代わって設けられたアメリカ在台協会の職員を被逮捕者の家族に面会させた。民主党のエドワード・ケネディ上院議員は、事件の「公正な裁判」を要求する強硬な発言を行った。アムネスティなどの国際的人権団体や在米台湾人団体が活発に動いたのは、いうまでもない。その結果、国際的にも一定の知名度のあった王拓、楊青矗らの公判は、一般司法法廷に移され、軍事法廷の審理は、外国のメディアや人権団体に対しても完全公開とされ、法廷の一問一答が新聞に掲載されることとなった。八名の被告は、法廷での発言が隠蔽されないと見るや、検察官が根拠とする自供は数十時間にわたる不眠不休の尋問などで強要されたものだと主張し、彼らの主張が民主の理念と郷土愛に基づき、台湾が置かれた国際的難局に対する憂慮から発するものであることを訴えたのであった。

もう一つは、特務の暴発である。八〇年二月二八日(二・二八事件の日である)、軍事法廷に起訴されていた被告の一人、林義雄省議会議員の留守宅に暴漢が押し入り、林議員の八〇歳になる老母と三人の娘が襲われ、老母と娘二人が死亡、一人が重傷を負わされた。林議員の家は重大政治犯の留守宅として常時特務機関の監視下にあったことは、当時の常識であった。にもかかわらず、今日に至るも捕まっていない犯人は、白昼堂々と林家に侵入し、犯行を行い逃走した。蔣経国や政権の上層部からの指示で行われたテロルとは考えられないものの、特務組織の末端ないしその外延の暗い部分にいる何者かの犯行、との強い心証を多くの住民が抱いたとしても不思議でない。美麗島事件公判の直前に起こったこのテロルは、公判を迎える社会の心理に重大な影響を与えた。体制に挑戦した本人に対してではなく、その老齢の母と子供に加えられたテロルと政権との関わりが疑われるとすれば、被告を裁く体制そのものの不義が問われるからである。

家族への殺傷事件に対し公開状を発表する林義雄夫妻. 1980 年

これらの事実に対する世論の反応は、まもなく明白となった。八〇年一二月に復活された「増加定員選挙」では、戒厳実施機関の台湾警備総司令部が選挙キャンペーンで美麗島事件にふれることを禁止する布告を出すなど、当局の高圧的対応はまだ続いていたが、「党外」は、立法委員九名、国民大会代表一一名の当選者を出した。台北市では、姚嘉文の妻の周清玉が最高得票で国民大会代表に、黄信介の弟黄天福が立法委員に、台中市では、張俊宏の妻の許栄淑が立って立法委員に当選を果たした。宜蘭では、あえて警備総司令部の布告に挑戦し、美麗島事件の被告の釈放と林義雄議員家族殺害事件の解決を訴えた黄煌雄が当選した。翌年に行われた地方選挙では、謝長廷、陳水扁ら美麗島事件軍事法廷で被告の弁護に立った弁護士が、台北市議会議員などに当選した。主なリーダーを獄中に奪われたにもかかわらず、「党外」勢力は速やかに復活を果たしたのである。

4　ストロングマン最後の応戦

ここで、目を政権内部に戻してみよう。

蔣経国の「班底」は、「文の李煥、武の王昇」と言われた。「党外」勢力台頭以後の状況下では、これは、一定程度まで反対勢力に対処する上での、政権エリート内でのハト派とタカ派のバランスを示すものでもあった。反対派に対する抑圧のコストを相対的に重く見るのがハト派、その逆に反対派に対する寛容のコストを重く見るのがタカ派である。

先に見たように、一九七七年選挙では、李煥が実施責任を負った「青年才俊」の選挙投入策が「地方派系」の反発を受けて逆効果であった。李煥は詰め腹を切らされ、党中央組織工作委員会主任その他の要職を追われ、閑職に左遷された。「文の李煥」の後退は、「武の王昇」の上昇である。国防部総政治作戦部主任であった王は、七八年一二月の国民党一一期四中全会で中央常務委員会入りを果たすとともに、自分の牛耳る「政工系統」の部下を党組織工作委員会主任にすえ、対米断交後、北京の新たな政治攻勢に対応することを名目に政権上層部に「復国小組」(後に劉少康弁公室)が設けられると、自身がその「召集人」に座った。

王昇の上昇といっても、それは、ストロングマン蔣経国の存在がある限り相対的なものにすぎない(そのことはすぐ明らかとなる)が、再度の対外危機の中で「党外」の挑戦を受けた政権エリートが、タカ派的判断に傾きやすい雰囲気をもたらしていたものと推測できる。この雰囲気の中で、美麗島集団への大々的な弾圧が決行され、さらに、林義雄議員家族殺害事件や陳文成教授殺害事件などが発生したのである。

しかし、政権上層でこの頃起こっていたことは、これだけではなかった。蔣経国の大病である。持病の糖尿病についての積もる不摂生は、ストロングマンの体力を確実に奪っていた。蔣経国が総統位についた七八年に侍従副官となった翁元は、「この時にはすでに明白に体力の衰えがわかった。糖尿病者は疲れやすい。蔣経国は必死に休養をとっていた。公務は官邸に持ち込まず、帰るとすぐ寝間着に着替えて、ベッドに横になりテレビを見るくらいが余暇といえば余暇であった。よほどの重要事項でなければ、官邸に部下を呼んで報告させるということはなかった」(大意。翁元口述、前掲書)と証言している。

蔣経国のこの衰えは、八〇年代に入って、重大な眼疾として現れた。八〇年一月、蔣経国は、前立腺手術で入院、翌年七月から八月にかけて、眼疾で再度入院、さらに、八二年二月、網膜症で入院、一一月になって初めて蔣経国の病気は、糖尿病による末梢神経炎と発表された。この間、蔣経国は床から起きあがれず、三男蔣孝勇を身辺につけ、伝言で政務をとった。台湾の消息筋によれば、当時はもう立ち上がれないだろうとみられていた(H氏への前掲インタヴュー)。

ストロングマンが倒れれば、かれが一手に掌握していた統治組織は弛緩し、失調をきたす。林義雄議員家族殺害事件や陳文成教授殺害事件などの末端の特務の暴走ばかりではない、蔣経国の有力な部下たちもうごめき始める。病めるストロングマンの権力継承問題が、否応もなく台北の政界の最大の問題として浮上し底流して、体制を揺さぶり始めた。

蔣経国は、病床からじっと部下の動きを見ていた。そして、八三年、容態が奇跡的に持ち直すと、かれから見ておかしな動きをした者に一人一人かたをつけていった。一連の人事の要は、王昇の失脚と李登輝の副総統指名であった。

八三年五月、蔣経国は、前記「劉少康弁公室」の解散を命じ、ついで王昇を「政工系統」を統率する実力ポストである国防部総政治作戦部主任から、いったん同聯勤部主任という閑職に左遷してから、九月にはパラグアイ大使として外に出してしまった。王の失脚は、蔣経国の病臥中に「劉少康弁公室」の召集人として権力を膨張させ、同弁公室が「第二の(国民党)中央党部」などと取りざたされるようになっていたのが、他のエリートの反発を買い、蔣経国の逆鱗に触れたことが原因とされる(郝柏村『郝総長日記中的経国先生晩年』)。「出る釘」は嫉妬され、打たれる世の習いが、ここでも示されているに相違ないが、この人事の背景に、七九年以来のタカ派的対応や特務機関ないしその周辺の暴走が、反対運動の押さえ込みに奏功しないばかりか、アメリカ議会の批判を呼び、体制全体の負荷を増大させたことがある。アメリカ議会向けに詰め腹をきらされたとのうがった見方ができなくもない。いずれにせよ、王の失脚で、反対運動に対する、よりタカ派的な対策が建言しにくい雰囲気になったものと考えられる。

ついで、八四年二月、蔣経国は、次期正副総統候補を決める国民党一二期二中全会で、副総統候補に台湾省主席の李登輝を指名した。翌三月の国民大会で正式に蔣経国が総統、李登輝が副総統に選出され、五月二〇日就任した。

副総統に選出された李登輝(右)と蔣経国

李登輝の抜擢は、台湾籍エリートの序列の入れ替えであった。消息筋は、その背景を、王昇の失脚やその他の外省人エリートの処遇も含めて、次のように解説する。

病床から部下の動きを見ていた蔣経国の眼に止まったのは、外省人では王昇、孫運璿(行政院長)、蔣彦士(党中央秘書長)、馬紀壮(総統府秘書長)で、八三年持ち直すや、王昇はパラグアイ大使にとばした。孫は副総統指名を期待していたが、蔣経国は李登輝を指名した。孫はその決定の直後、脳卒中で倒れて行政院長を兪国華に譲ったが、脳卒中にならなくても行政院長は下ろされただろうと当時よく言われた。順番を間違える人がよくいるが、孫が脳卒中で倒れた(八四年二月二六日)から、しかたなく李登輝になったのではない。李登輝指名決定(二月一五日)が先なのだ。蔣彦士は、八五年の「十信事件」(台北市の第十信用合作社の金融スキャンダル)で免職、馬紀壮は軽い罪と見られたのか、行政院政務委員(無任所大臣)に格下げされた。

本省人では、林洋港と謝東閔である。林洋港は内政部長で、立法院での答弁でよく中国古典を引用しては「万年議員」に人気があり、当時は宴会などに引っ張りだこだったし、公然と孫行政院長の権威にチャレンジしたこともあった。蔣経国は、かれを兪国華内閣の副行政院長(副首相)に「冷凍」してしまう。兪国華は、蔣経国の意図がわかっているので、副院長の林洋港には何もさせず、また林洋港は蔣経国に叩かれたとの噂が広がり、誰もよりつかなくなった。謝東閔は特権を使って、自分がやっている学校の用地を獲得しようとしたのが密告されて、副総統をおろされ、代わりに李登輝が台湾省主席から、内政部長も行政院副院長もやらず、二階級飛んで副総統になった。七〇年代初めから蔣経国が始めた台湾人エリートの登用の順番が、ここで変更された。蔣経国からすれば、口下手の学者で、息子を亡くして(八二年、長男李憲文死去)、野心もなさそうな李登輝が好ましく思えたのであろう。李登輝からすれば見事に「偽装」しえていたのだ(前掲H氏へのインタヴュー)。

なぜ、この時、李登輝なのだろうか?

謝東閔や林洋港が疎まれたのは、王昇の場合と同じく、人の嫉妬と「出る釘は打たれる」の真理によるものだろうし、蔣経国が、入れ替わりに李登輝を上げた理由も、比較的はっきりしている。消息筋の話のように、蔣経国には、当時の李登輝が林洋港よりは安全な人間に見えていたことは確かであろう。

李登輝自身、司馬遼太郎との対談の中で、「農業問題が難しいときに、ぼくが呼ばれた。私は日本の学問や農業問題しか考えない男で、政治的なことには興味がなさそうに見えたんじゃないかな」と語っている。それは、また多くの政権エリートが共有する見方であったと思われる。

その頃、台北で広まった政治ジョークに、こういうのがあった。八四年の国民大会で焦点は副総統の人選で、蔣経国の病気もあったのでいろいろと噂が立った。副総統人選を議するある日の国民党の中央常務委員会で、蔣経国が用足しに席を立った。党中央秘書長の蔣彦士が、追いかけていって廊下で意中の候補の名をたずねると、蔣経国が「ちょっと待て」と言った。これは中国標準語では、「你等会《ニードンホエ》」というが、蔣経国の浙江訛のため、蔣彦士には、「李登輝《リードンホエ》」と聞こえた。蔣彦士は、その足で蔣経国の意中の副総統候補は李登輝だと中常委たちに告げてしまった。ストロングマン在位中の副総統の地位の軽さと、当時の政権エリートの眼中の李登輝像をよく物語るアネクドートである。

孫運璿（左）と林洋港

だが、蔣経国が李登輝を自分の権力の後継者と考えていたのかどうか？　筆者はかつて、そのように考えて、李登輝副総統指名が「台湾化」のステップを一歩進める蔣経国の晩年の重要決断であったとした（『台湾　分裂国家と民主化』）。しかし、それは結果からの判断であったようだ。李登輝自身は、同じ対談で司馬遼太郎に、「彼はあれだけの病気でいながらも、自分がここで終わるとは考えていなかった。だから、臨終の親が息子にいろんなことばを残していくような言葉はでなかった」、「あの状況のなかで、もし蔣経国さんが(李登輝を後継者に考えているらしいことを)おくびにでも出せば、おそらく私はたたきつぶされていた」と語っている(司馬『台湾紀行』)。蔣経国は、李登輝を副総統にした時点では、自分が八四年から始まる新しい任期中(九〇年五月まで)に死ぬとは考えておらず、その後も、自分の後継者については、曖昧なままにしておいた、というのが、確からしい。後年の李登輝の政敵、当時の参謀総長郝柏村も、蔣経国の死期が迫った八八年一月一〇日の日記に、蔣経国の健康にいつ変化が有ってもおかしくない状況なのに、自身から後継者について何の意志も示されていないのは憂慮に耐えない、との趣旨のことを記している(郝柏村、前掲書)。

蔣経国は、意中の後継者を死ぬまで曖昧のままにしておくのに成功したようだ。それが李登輝だったかどうかも確かではない。前引の消息筋の見方と違って、蔣経国の意中はやはり孫運璿だったとの推測も依然としてある(例えば、郝柏村、同前)。だが、結果的に、蔣経国はそのようにして李登輝を守り、李登輝は巧みに自分を隠して自分を守ったのである。

ところで、「武の王昇」の失脚は、今度は「文の李煥」の復活となった。李煥は、八四年蔣経国の総統就任に伴う内閣改造(兪国華内閣)で、教育部長に任ぜられて返り咲き、八六年春の一二期三中全会で中央常務委員会入りし、八七年七月中央秘書長に任命された。

しかし、こうした蔣経国の人事を通じた必死の引き締めも、いったん始まった体制の失調を回復できず、また、「党外」の挑戦も停止しなかった。

八四年、またしても特務の暴走が起こった。江南事件である。江南は、戦後台湾から移民した米籍華人のルポ・ライターで、この年一〇月、やや批判的な内容を含む『蔣経国伝』を出版した直後、サンフランシスコの自宅で殺害された。その後のアメリカと台湾における捜査で、台湾の国防部情報局長の指示により、台湾最大の暴力団「竹聯幇」の首領らが犯行に及んだことが明らかとなって、アメリカの議会・世論から強い反発があがった。下院外交委員会アジア太平洋問題小委員会で公聴会が開かれ、八一年の陳文成事件のときと同様、米国武器輸出統制法修正条項の発動が取りざたされ、国府を緊張させた。事件が国府の国際イメージを再度悪化させたのは言うまでもないが、加えて、途中から蔣経国次男の蔣孝武の背後での関与がアメリカのマスコミなどで取りざたされ、蔣経国は、八五年中二度にわたって、総統職の継承は憲法に従って行われるものであり、蔣家のものが総統職を継ぐことはないことを言明し、八六年二月には、蔣孝武をシンガポール駐在商務副代表として外に出さざるを得ず、個人的な威信にも傷を負ってしまった。

ただ、二回目に後継問題に言及した際(一二月二五日、憲法記念日演説)、蔣経国は、軍事統治もあってはならないし、ありえないとも強調した。実力をつけた部下には時に牽制球も必要なのであろうか、これは、八一年就任以来実力を増していると噂されていた郝柏村参謀総長を意識した発言であり、アメリカ方面の反応も顧慮したものだったろうと思われる。

美麗島事件の打撃の後、八〇年と八一年の選挙で復活を果たした党外勢力は、八三年の「増加定員」の立法委員選挙で、康寧祥ら穏健派のリーダーが落選して議席を減らすという小挫折を被ったが、代わって「新生代」と称された、より急進的な若手活動家群が台頭し、体制への挑戦を続けた。

「新生代」の活動家は、知名度のある党外議員を看板に担いで雑誌を発行し、議員が持つある程度の保護膜的役割を利用して、言論のタブーに挑戦していった。『美麗島』創刊号が一〇万部売れたことに示されるように、反対派の言論が一定の市場を有し、これらのいわゆる「党外雑誌」が商業的にも成立しうる状況がすでに存在していた。かれらの「党外雑誌」は、しばしば発禁、押収、停刊等の処分に遭ったが、党外側は、一つの雑誌の創刊と同時に、「スペア・タイヤ」と称する、よく似た一系列の雑誌名を当局に登録しておき、処分と同時にその「スペア・タイヤ」を刊行して、言論活動を継続した。これに対して、当局はもはやかつての『自由中国』事件のときのように、編集者の逮捕・投獄によって沈黙を強いるという強権的手段に出ることができなかった。

かくして、依然戒厳令下であるにもかかわらず、自由な言論の領域が一歩一歩拡大され、選挙と選挙の合間の「戒厳假期」にも、反対勢力の発言が社会に伝達されるようになった。党外は、これにより、理念的イデオロギー的凝集性と政治的議題設定の能力を獲得していったのである。

八二年九月二八日、全台湾の党外人士が台北市の中山堂に集まり、「台湾の前途の住民自決」を含む六項目の「共同政見」を決議した。この「自決」の理念は、翌八三年の立法委員選挙の際に作られた

「党外中央後援会」の共同スローガン「民主・自決・救台湾」に盛り込まれ、さらに八六年結成の民進党の綱領にも引き継がれていった。

前述のように、この「(台湾の前途の)住民自決」のスローガンは、七八年末にすでに提出されていたものであったが、このように全島の党外人士の集会で決議され、選挙の共同政見とされたことにより、その中心的スローガンとなり、国民党との違いを明瞭に示す政治的標識となっていった。言うまでもなく、「住民自決」の論理を突き詰めれば「台湾独立」に行き着く。それは、党外運動に参加した多くの人々にとって、台湾に一つの主権国家の確立を求める「台湾ナショナリズム」の、戒厳令下でもぎりぎりのところで弾圧を避けて表明できる、最低限綱領の表明でもあったと見ることができる。党外の民主化運動は、しだいに「住民自決」という、ナショナリズムを含意するスローガンで統合されていったのである。

党外雑誌はまた、「組党」(野党結成)の可能性やそのあり方についての公然たる議論を開始した。八二年の中山堂の集会そのものが、もしこの集会で「組党」を決行するなら「法により制裁を加える」との当局の恫喝の下で開かれたものであった。以後、党外は再び組織化の努力を強めていった。

八三年九月、党外雑誌を担う「新生代」の活動家が、「党外編集作家聯誼会」(編聯会)を結成した。また、八三年の選挙後に、党外の議員たちは「党外公共政策研究会」(公政会)を作った。これは、事実上の政党結成を狙うものとして当局から「不法組織」呼ばわりされ、合法的地位を得ることはできなかったが、八五年秋の地方選挙では、公政会と編聯会が合同で「一九八五年選挙中央後援会」を結成し、公認候補を立てて選挙活動にのぞんだ。その結果、台北市で「後援会」推薦候補が全員当選するなど、八三年の小挫折を挽回する成績を収めた。党外勢力は、これに気を強くし、公政会に地方支部を組織していく方針を決定した。これは、事実上の政党結成準備宣言であり、国民党に、蔣経国に決断を迫るものであった。

国民党、そして蔣経国にとって、一九八五年は最悪の年であった。江南事件と十信事件で政権の内外のイメージは傷つき、不景気は回復せず、経済成長は落ち込み、禁令にもかかわらず、中国大陸との貿易が増加し、間接貿易の公認に追い込まれた。八六年にはいると、党外は事実上の政党結成準備開始を宣言し、南隣りのフィリピンでは、大統領選挙に敗れた独裁者マルコスが、米レーガン政権に弊履の如く捨てられるのを目の当たりにした。あらゆる兆候が、反対勢力に対する歴史的な妥協か、断固たる力の行使かの選択を迫っていた。

八六年三月、国民党は二年半ぶりに中央委員会総会(一二期三中全会)を召集し、曖昧ながら「政治革新」が決議され、四月には中常委内に、一二名から成る「政治革新小組」が設けられた(召集人厳家淦、副召集人李登輝)。ついで、五月に入り、党外人士からも信頼されている自由主義傾向の学者四名を仲介として、国民党は党外と、公政会地方支部結成問題についての話し合いに入った。これは、「溝通」(コミュニケーション)と呼ばれ、蔣経国から直接国民党中央政策会(当時の対反対勢力接触窓口)に指示されたものであったが、不調に終わった。党外側は、蔣経国が自由化決断に踏み切るであろうことを見越して、公政会地方支部設置を強行していった。アメリカでも、亡命中の許信良が「台湾民主党」結成を宣言し、また、FAPAの働きかけで、ケネディ上院議員やペール上院議員などが「台湾民主化委員会」を作るなど、台湾内の「組党」を鼓舞する動きが続いた。

民進党の結成式．円山ホテルにて．1986年9月28日

事後に明らかになったことであるが、八六年七月初めには、公政会と編聯会内部にそれぞれ結党準備小組が作られ、まもなく両小組が合流して、一二月に予定されていた「増加定員選挙」前の結党を目指して準備が進められていた。

また、党外は、街頭でも、戒厳令に対する大胆な挑戦を行った。九月初め、その経営する党外雑誌の言論で誹謗罪に問われた林正杰台北市議会議員の有罪が確定して入獄することになった。党外は「送別」を名目として、台北をはじめとする西部平原の主要都市で、一連のデモを盛大に展開した。体制により政治的に断罪されて入獄するものを歓呼して送るなどということは、八〇年代初めまで考えられないことであった。七七年の中壢事件で始まった、党外人士と街頭の大衆の同盟による戒厳令への挑戦は、ついにその禁令を無効にしてしまったのである。

そして、この一連の全島的示威の成功の余熱のまだ残る九月二八日の日曜日、年末の選挙に向けて、党外後援会公認候補推薦大会が台北市の円山ホテルで開かれたが、その席上で、突如、民進党(民主進歩党、Democratic Progressive Party, DPP)の結成が宣言されたのであった。

翌日、蔣経国は党・政の幹部を召集して、民進党の結成は不法だが処置はしないとの方針を指示した。郝柏村の日記によれば、この時、蔣経国は、「政治革新小組」の成案作りを急ぐよう指示し、かつ、強硬方針を進言するものもあるが、今日では力の使用は大変困難だとの趣旨のことを述べたという(郝柏村、前掲書)。

そして、蔣経国は、一〇月七日、ワシントン・ポスト紙社主との会見で、いかなる新党も、①中華民国憲法の順守、②反共国策の支持、③「台湾独立」派と一線を画す、の三条件(「蔣経国三条件」)を守らなければならない、と述べる形で、「党禁」解除方針を明言した。これを受けて、一五日召集の国民党中常委は、①新規に「国家安全法」を制定して戒厳令を解除する、②現行の「非常時期人民団体組織法」と「反乱鎮定動員時期公職人員選挙罷免法」を改正して新党結成を認める、との「政治革新小組」の提案を了承した。当時報道されたところによれば、蔣経国は席上、「時代は変わり、環境は変わり、潮流もまた変化しつつある。このような変遷に対応するためには、執政党として新しい観念、新しいやり方で、民主憲政の上に立って、革新措置を推進しなければならない」と述べて、委員たちに、この歴史的決定を受け入れるよう促したという(『中華週報』一三〇〇号)。

一方、九月末匆々の間に結党のみを宣言した民進党は、各地に集会を開いて結党の趣旨を説明するとともに、公政会と編聯会など党外関連団体の成員約一二〇〇名を「建党党員」として党員に振り替え、かれらの投票により党員代表を選出、一一月一〇日台北市内のホテルで第一回党員代表大会を開催、「台湾前途の住民自決」を謳った綱領や党規約を採択、中央執行委員三一名を選出した。また、翌日第一回の中央執行委員会を開き、江鵬堅(当時台北市選出立法委員、高雄事件林義雄弁護士)を初代党主席に選出した。

翌一二月に行われた「増加定員選挙」は、台湾史上初の事実上の複数政党選挙となった。投票の結果、民進党は得票の面でも当選者数の面でも前回を上回るまずまずの成績を上げた。そして、年が明けると、民進党はアメリカと日本に主要メンバー総動員の代表団を派遣し、各界と接触、新野党の存在に対するある程度の国際的認知を取り付けることに成功した。このようにして、戦後台湾に初めて生まれた野党は、台湾の政治舞台での定着を果たしていったのであった。

蔣経国・国民党の政治的自由化の方針が明白となって、台湾の社会は沸騰した。次のステップとして自由化の徹底や「万年国会」の全面改選を掲げる民進党のデモばかりではなく、環境破壊に抗議する被害コミュニティの住民が、「大学法」制定を求める学生が、御用組合の改革を求める労働者が、遅れて農畜産物輸入自由化に抗議する農民が、政府機関の集中する台北の街頭をわき返らせるようになった。

国民党は、立法院において、民進党の激しい抵抗を振り切って、何とか前記「蔣経国三条件」を書き込んで「国家安全法」を成立させ、蔣経国は、八七年七月一五日午前零時をもって、三八年続いた戒厳令を解除した。そして、八八年元旦をもってこれも長年続いた「報禁」(新規新聞発行禁止)を解除するこ

死の２週間前，元旦の開国記念日式典での蔣経国

とも決定し、活字メディアの自由化も進展した。

さらに、八七年九月、李登輝を召集人として中常委内に「大陸政策小組」を設け、高まる外省人の中国大陸帰省要求に対する方針を検討させ、同年一一月三日からの大陸里帰り、ついで大陸旅行解禁を実現したのであった。これもまた、四〇年近い台湾海峡両岸の分断状況を変える歴史的決定であった。

先に、八六年初頭には、あらゆる兆候が、反対勢力に対する歴史的な妥協か、断固たる力の行使かの選択を迫っていた、と述べた。後知恵から判断すれば、蔣経国が大病から持ち直してから実施した人事やアメリカの動向から見て、後者の選択の可能性は低かった。李登輝は、総統就任後何回か来客に対して、副総統の頃の蔣経国の毎回の指示を克明に記したメモがあって、将来公刊するつもりである趣旨のことを語っている（例えば、司馬『台湾紀行』）。こうした資料が公開されれば、当時の実状はもっとはっきりするが、これまで見たところからも、最後まで、蔣経国のリーダーシップが不可欠だったようだ。戒厳令解除後に筆者が会った、ある国民党中央委員は、その頃、総統の決断は速くて、まわりの者がついていくのがたいへんだったとの趣旨のことを語っていた。野党を容認し、戒厳令を解除し、大陸への旅行を解禁するというのは、蔣経国自身の「時代は変わり、環境は変わり、潮流もまた変化しつつある」という言葉が示すように、変化した現実への体制の妥協であった。だが、これらは体制の根幹にかかわる。ストロングマンに引退は無い。ストロングマンの引退の時は死去の時である。体制の根幹にかかわる決定は、ストロングマンが打倒されないとしたら、ストロングマン自身が下すしかなかったのであろう。

しかし、蔣経国にとっては、このようなリーダーシップの発揮と、いつ偶発的な混乱が発生してもおかしくない微妙な局面のコントロールは、まさに命を削る行動であった。八六年四月、また入院して心臓にペースメーカーを取り付けた。八七年の双十節には、ついに車椅子で姿を現し、この頃から急速に視力が失われていった。八七年末の憲法記念日の蔣経国の演説の際、フロアーの民進党の出席者が「万年国会」の全面改選を要求する横断幕を掲げスローガンを叫び、会場は騒然となったが、翁元によれば、壇上の蔣経国には、何がおこっているかほとんど見えていなかったろう、という。翁元が後に担当医師から聞いたところによれば、この頃の検査では、蔣経国の内臓組織はすでに崩壊して機能を失っていたという。

一九八八年一月一三日、蔣経国は、朝起床後に急に血圧が下がり、午後一時五五分、大量に吐血してショック状態に陥った。党・政の要人が次々に官邸に駆けつける中、副総統李登輝の到着を待って、三時過ぎ医師団は蔣経国の生命維持装置をはずした（翁元口述、前掲書）。午後三時五〇分死去、享年七七歳。

第七章　台湾人総統の闘争

一九八五年、筆者は香港に滞在していた。ある日招かれて出席した昼食会で、「李登輝は台湾のサダトになる」との議論を耳にした。エジプトの故サダト大統領は、アラブ・ナショナリズムの英雄ナセルの下にあって影の薄いナンバー2であったが、ナセルの死後、最高リーダーの地位に就くや真価を表し、宿敵イスラエルとの歴史的和平(七八年キャンプ・デービッド合意)を成し遂げるなど強力なリーダーシップを発揮した。李登輝も、いったんストロングマンが逝くや「サダト化」するだろう、というのである。語ったのは、ある著名な米籍台湾人の政治学者であった。

当時、筆者はこれを半信半疑で聞いた。これは、見通しというよりは、かれの願望ではないかと思った。確かに蔣経国が任期中に死去すれば、李登輝が総統職を継承する可能性は高い。しかし、李登輝は党・政の閲歴浅く、いわゆる「地盤」も「班底」も持たない学者出身である。良くて集団指導体制の一員、さもなくば、中国人の政治世界のことだから、かならず実力者間で権力闘争が起こる、李登輝の役割は新しいワンマンが出てくるまでの傀儡役を果たすにすぎない。こんなところが、当時の観察家の通り相場だったからである。

しかし、その後の事実は、かの米籍台湾人学者の言ったとおりになった。確かに権力闘争は起こった。だが、勝ったのは李登輝であり、李登輝のリーダーシップの下で、台湾政治も大きな変貌を遂げたのであった。

一〇年後、台北で出会った、八五年当時はまだ大学院生だった台湾人の若手政治学者に、この話をして感想を求めた。確かにそれは願望だった。多くの台湾人の願望だった。そして、蔣経国の死後、多くの人がそうなるよう李登輝を支え、李登輝自身も闘ったのだ、というのが、かれの返答だった。

1 「総統兼党主席《ストロングマン・シフト》」を手にする李登輝

一九八八年一月一三日(水曜日)、蔣経国の死去により李登輝は総統職に就いた。

この日の午後七時半、国民党の臨時中央常務委員会が開かれ、行政院長である兪国華が発言して、憲法(第四九条)所定の手続きによる副総統李登輝の総統就任支持が決議された。直ちに参会者全員が総統府に赴き、八時八分、李登輝は、政・軍の要人でもある中常委たちの見守る中、司法院長の林洋港が立会人となって、総統就任宣誓を行った。

これを受けて、兪国華行政院長はただちに閣議を召集、向こう一カ月を国家服喪期間とすること、また、国家服喪期間中は、集会・デモ・請願活動を総統の緊急処分令で禁止することを決定した。李登輝の総統としての最初の仕事は、「反乱鎮定動員時期臨時条項」により与えられた緊急処分権により、この禁令を公布することとなった。また、郝柏村参謀総長は、陸海空の重要幕僚を召集し、三軍将兵の午後八時以後の休暇を取り消し、全軍が非常警戒体制に入ることを指示した。

蔣経国の死去から四時間あまりで、これらの処置が決められ公布された。蔣経国という明白な後継者が存在した蔣介石の死去の際よりも、今回の方が不確定感が高かったことを考えれば、あざやかな手並みだったといえよう。野党民進党は、深夜臨時中常委を開き、総統職引継ぎが憲法手続き通りに行われたことを評価し、党員と国民に対し集会とデモの暫時停止を呼びかけた。やや遅れて、一五日、郝柏村参謀総長と鄭為元国防部長とが、三軍は李登輝総統に忠誠を誓っている旨の談話を発表した。

だが、決めることのできなかった重要事項があった。国民党主席をどうするかである。一六日の『中国時報』は、党主席問題を夏に予定されている一三全大会まで先送りするのが党中央の意向だとの観測を報道した。七〇年代前半の一時期に、総統でも党のトップでもない行政院長の蔣経国が実権者であるという状態があったが、総統が党のトップを兼ねるという「党政一元化領導」、いわばストロングマン・シフトが、国民党政権のリーダーシップの常態であった。総統が党のトップを兼ねなかったのは、七五年から七八年の、厳家淦総統、蔣経国党主席の組み合わせの時だけである。したがって、李登輝に党主席ポストを与えなければ、李登輝を実権の無い「第二の厳家淦」にするものとの意味合いにとられる可能性が高かった。

当時の党上層にとっては、考慮すべき要因は、三つあったと思われる。一つは、宮廷政治的考慮であった。後に明らかにされたところによれば、一三日夕の緊急の中常委の前に、早くも士林官邸に近い筋が、二度にわたり兪国華行政院長の代理主席就任を働きかけたという(『中国時報』八八年二月一日)。士林官邸とは、蔣介石の官邸のことで、八六年蔣介石生誕一〇〇周年行事のためニューヨークから帰国して以来、蔣夫人宋美齢が住んで、死期迫る蔣経国を見守っていた。蔣経国時代、長く権力中枢から遠ざけられていた宋美齢派(いわゆる「官邸派」)が、早速巻き返しの機会を狙っていることは明らかであった。この立場からすれば、新参者に過ぎない、しかも中国大陸に足を踏み入れたこともない台湾人の李登輝に、ストロングマン・シフトをわたしていいのか、ということになる。

次には、エリートたち自身のパワー・バランスである。当時の李登輝が、まわりの外省人エリートから依然実力のない安全パイと見られていたのは、間違いのないところである。その李登輝以外の者が、党のトップにつけば、党を握る李煥、行政を握る兪国華、軍を握る郝柏村ら、政権の各セクターで蔣経国を支えた要人の間の権力バランスはすぐ崩れる。崩れれば局面はすぐ全面的奪権闘争に変わる。当時まだ誰もその用意はできていなかったものと見られる。互いに牽制しあっていたのだろう。

もう一つは、民意だった。台湾人にとって、台湾人の総統が誕生したという実感は、一三日の夜から、テレビや新聞に総統としての李登輝の姿が繰り返し登場するにつれ、深まっていったものと見受けられる。身長一八〇センチの堂々たる体軀と、司馬遼太郎が「山から伐りだしたばかりの大木に粗っぽく目鼻を彫ったよう」と形容した、造作の明確な顔は、総統としての所作になかなか似合った。それまで、台湾人の政治家で人気が高かったのは、独特の台湾なまりの「国語」を話し、豪放な酒を飲み、「表面張力」という流行語(杯に表面張力ぎりぎりまで酒をついでする乾杯)を作った林洋港であった。あたかも一夜にして林洋港を凌駕してしまったかに見える李登輝人気は、長い外来政権の歴史のあと、ついに土着の台湾人が国家のトップに立ったことへの歴史的感慨らしきものに深く彩られているように感じられた。

また、このことに付随して、国民党政権内のヒエラルヒーを上昇していた様々の本省人の政治エリート（中央委員、国会議員、省・市議会議員など）も、ことの成り行きに切実な関心を抱いたにちがいない。かれらの視線も、党上層は意識せざるを得ない。李登輝は、七〇年代初め蔣経国がスタートさせた「台湾化」の寵児の一人である。その寵児がついに総統位に上りつめた。ここで、国民党のリーダーシップの常態であったストロングマン・シフトが台湾人総統についても否定されるのかどうかは、かれらの将来の政治的上昇にとっても重大な事柄であった。

状況がこのようなものだったとすれば、李登輝の同僚の上層エリートたちにとって、李登輝を党のトップに据えるのは、とりあえずは妥当な選択であったはずである。「台湾人に人気のある安全パイ」ほど都合のよいものはない。湧き上がる李登輝人気に不安を感じた者があったにせよ、台湾社会の空気を読めるものなら、迂闊に手を出すのはためらわれたに違いない。

そこで李登輝を、八八年中の開催が予定されている党大会までの主席代行に中常委において選出するという案が浮上してくる。出所は、中央秘書長の李煥の周辺からであろう。李煥は、民意の動向が明確になってから動き始める。一八日、立法委員の一部が李登輝代理主席選出を要求する署名集めを開始し、一九日、『中国時報』が同趣旨の社説を発表、この日、国民大会代表の一部でも署名運動が始まった。二〇日、李煥と三名の副秘書長が中常委を回って意見聴取を始め、二三日からは、右の趣旨の提案への中常委の署名を集め始めた。この日、台北各紙は一斉に、李登輝代理主席の線で中常委のコンセンサスができつつあると報じた。当初一部に難色を示す者もあったが、二七日の定例中常委(定例中常委は水曜日の午前中の開会が慣例。一つ前の二〇日は「定数不足」で流れていた)の前日には、李登輝本人を除くすべての中常委の署名を得、提案者は兪国華にすることまで決まっていた。

ところが、ここで、再度「官邸筋」から横やりが入った。二六日、士林官邸から李煥のところに手紙が届いた。宋美齢直筆ではないが、その署名があり、「党代理主席選出は蔣経国の葬儀終了後にせよ」「集団指導体制を考慮せよ」との趣旨のものだったという。さらに深夜、士林官邸から李煥のところに、宋美齢の手紙の趣旨で念を押す意味の電話が入った。かけてきたのは、蔣経国の三男蔣孝勇で、他の何人かの中常委のところにも同趣旨の電話がいった。

民意から全く遊離した行動でも、蔣家の恩顧を受けてきた外省人エリートには、宋美齢の睨みもいくらかは効くものらしい。李煥、兪国華らは中常委開会前に鳩首協議したが、対応が決まらぬまま(一説に提案延期を確認して)、会議は始まり、蔣経国の葬儀についての議題が片づき、七月七日に一三全大会を召集する件についても決まったが、兪国華はいっこうに李登輝の代理主席選出を提案する気配がない。そんな時突然、副秘書長の宋楚瑜が立ち上がり、なぜされるべき提案がされないのか、今日されなければ党のイメージは著しく損なわれる、提案を躊躇している兪国華に失望した、との趣旨のことを述べて、退席してしまった。副秘書長は、中常委ではなく、会議に「列席」できるものの議決権はなかった。

宋楚瑜のこの異例の行動が気付け薬にもなったのか、その後、李登輝代理主席就任を支持する発言が続き、ついに兪国華も重い腰をあげて、予定通りの提案を読み上げ、全員の起立賛成で、李登輝の代理主席就任が決定された。中国の海の辺境、植民地時代の台湾に生を受けた秀才が、それまで「中国の第一政治家族」にしか許されなかったストロングマン・シフトを手にしたのであった。李登輝のその後の権力闘争での有利な立場も、民主化推進での強いリーダーシップも、民間の民主化・台湾化推進への強い期待とともに、このストロングマン・シフト無しには考えられない。その深刻な意義に、兪国華も李煥も郝柏村もこの時はまだ気づいていない。

かれらは、この順でこのことに気づかされることになるが、それはまだ先のことであった。李登輝の党代理主席就任劇のとりあえずの意義は、国民党政治における「宮廷政治」の終焉であった。二七日の中常委の会議の後、ある少壮中常委は、「これは党国のためにわれわれが自分自身で行った最初の決定である」との感想をもらしたという。かつて国民党を支配するのは、蔣家・宋家・孔家・陳家の「四大家族」と言われた。この感想は、国民党員自身の「四大家族」の影からの離脱も示している。

それを刺激し後押ししたのは、民意であった。この時期、台北に赴いて取材している上村幸治は、国民党中常委レベルの政治家が、「党のイメージはどうなる、世間はどう見る」を神経質なほど気にするようになり、「この空気は、瞬く間に政治家全体に広がった」と観察している。主役は、「報禁」が解けて士気あがる活字メディアが活発に反映したところの民意であった。その民意が宮廷政治を無効としたのであった(上村『台湾　アジアの夢の物語』)。

同じ年の七月七日に予定通り召集された国民党一三全大会は、この国民党レベルでの宮廷政治と民意政治の「一月対決」の帰結を、そのまま反映したものとなった。大会二日目に、老いてなお妖艶の気を漂わせる宋美齢が会場に現れ、李煥に代読させた挨拶の中で、「新しい葉は、古い根、幹のおかげで生える」「前進しても根本を忘れてはならない」と述べた。「四大家族」の影から抜け出ていった子飼いの者たち(宋美齢から見て)への、最後の叱責であり、同時に別れの言葉でもあった。宋美齢はそれから三年あまり「士林官邸」にこもり、そして一九九一年九月松山空港から中華航空特別機でアメリカに戻っていった。ちなみに、これが台湾の一私人に特別機が提供される最後の例となった。

宋美齢の挨拶の後、李登輝は何の問題もなく、正式に党主席に選出された。日程の最後に行われた中央委員選挙では、三六〇人の半数が今回から出席の党員代表の投票で選ばれることとなり、李煥が、最高得票で当選、党務系統における勢力の強さを見せつけたが、その一方、一時「官邸派」から党主席に擬せられた兪国華は、現職行政院長であるにもかかわらず、三五位に甘んじた。同じく保守派とされた沈昌煥総統府秘書長は、八一位であった。

兪国華はメンツを失った。中央委員が選挙となったといっても党内の選挙である。党中央が要職に在る者については何らかの配慮をして、メンツを保てる票数にもっていくことは可能なはずであった。党中央秘書長として大会事務を取り仕切っているはずの李煥は、それをしなかった。そして、自分自身が最高票を得て、記者会見で得意の笑みをみせたのであった。兪国華はたいへん不満であったが、挽回できなかった。そして、翌八九年五月、ついに辞表提出を余儀なくされ、李登輝は後任の行政院長に李煥を任命した。李煥の後の中央秘書長には、李登輝代理主席就任劇で勇名を馳せた宋楚瑜が就任した。

八八年一月、ストロングマンを失ったばかりの国民党を襲った民意の波は、このようにして国民党内部政治にいちおうの決着をもたらしたのであった。しかし、その間も社会は休んではいなかった。さらに動いた社会が再度国民党を撃つとき、国民党は尋常でない衝撃を受けることとなる。

2　二月政争

ストロングマン・シフトを手にしても、李登輝は当初は低姿勢であった。服喪期間中は毎朝蔣経国の霊に詣でてから出勤し、総統就任後初めて行った野党議員との会談では、「蔣経国先生の遺言を実行するのであって、いわゆる『李登輝政策』なるものは存在しない」と強調した（一九八八年一月二九日）。しかし、李登輝と蔣経国とはあまりに違う。台湾に生まれ育ったというその出身、日・米の高等教育をうけたという教養の背景、その大柄で健康な体軀からあふれる覇気、その率直と多弁。国民党伝統の政治的語彙と儀式的所作の中に隠そうとしても、どうしても李登輝色はしみ出てしまう。このことは、八八年二月二二日に行われた初の内外記者会見でも明らかに見てとれた。

もちろん、李登輝は用心深かった。よく引き合いに出される司馬との対談で、「一介の学者だったのに、よく政治ノウハウを身につけられましたね」と問われて、「私は子供の頃から敏感だもの。敏感さをどう抑えるかをいつも考えてきた。ほら日本でいうじゃないですか。『居候、三杯目にはそっと出し』って」と返答している（『台湾紀行』）。

そのためか、李登輝が、意識して独自色を出し始めたのは、直ちに権力分配問題に響く内政方面ではなくて、外交であった。副総統は暇である。副総統時代、李登輝は、蔣経国特使として中南米や南アフリカなど外交関係のある国家を歴訪し、蔣経国の黙認のもとに、専門学者などを呼んで国際・外交問題の勉強を積んでいた(張慧英『超級外交官 李登輝和他的務実外交』)。

八八年七月、国民党一三全大会が終わると内閣の改造が行われ、外交部長に連戦、財政部長に郭婉容と、これらの重要ポストとしては初めて台湾籍の者が任命された。この二人のその後の使われ方から見て、これは李登輝の意向が強く働いた人事であったと見られる。まず、影響が出たのは、外交部長任命の方であった。

当時、台湾の外交系統には、七〇年代以来長く外交部長をつとめ「外交教父《ゴッドファーザー》」の異名を持つ沈昌煥総統府秘書長が、まだ睨みを効かせていた。沈昌煥は、頑固な反共イデオロギーの持ち主で、敵手たる中国共産党とは共に天を戴かぬという「漢賊並び立たず」の原則を固守して、外交部長時代は、北京と外交関係を結ぶ国家とは直ちに断交し非難することを繰り返し、党外勢力からは「断交部長」と皮肉られてきたが、その硬直した姿勢は、対米断交以後の時代には、蔣経国にとっても外交部門にとっても負担になっていた。蔣経国が副総統の李登輝に外交の勉強をさせたのも、この点を見ていたものと見られる。

李登輝と関係の良い連戦の外交部長任命は、沈昌煥ラインの否定だった。八八年秋、外交部は、ソ連・東欧圏への接近工作と李登輝のシンガポール訪問を準備し始めた。沈昌煥は、前者については、一〇月一二日の中常委の席上、五〇年代の蔣介石の反共主義著作である『中国の中のソ連』を持ちだして批判し、後者については、国交の無い国(この時シンガポールは北京・台北の双方と外交関係を持たなかった)への総統の訪問はおかしいとして反対し、総統府秘書長の職を利用して外交部から送達された文書に手を加えることまでして、李登輝の激怒を買ったと言われる(張慧英、前掲書)。一週間後、沈昌煥は更迭され、後任の総統府秘書長には、法学者で法務部長経験者の李元簇が任命された。

「外交教父《ゴッドファーザー》」の失脚は、新たな外交イニシアチブののろしでもあった。八九年三月初め李登輝は予定通り、シンガポールを訪問した。滞在中にシンガポール側が、インドネシアの中国承認方針決定を受けて、北京との外交関係樹立の方針を表明したにもかかわらず、帰国後の記者会見では、総統が外国に出ることによって、台湾の「中華民国」の存在を示すことが重要だとして、訪問の意義を強調し、シンガポール側の「台湾から来た李登輝総統」との呼称を「不満だが受け入れることができる」とした。この言葉は、すぐにあちこちで使われる流行のフレーズになったが、李登輝が取り組み始めた外交(「柔軟(弾性)外交」ないし「現実(務実)外交」と呼ばれた)の、プラグマチックな姿勢を如実に示すものであった。

ついで、五月初め、李登輝は、北京開催のアジア開発銀行理事会の年次総会に、郭婉容財政部長を団長とする代表団を送り込んだ。四日の開会式にあたり、中華人民共和国国歌吹奏と国家主席(楊尚昆)の入場の際、起立し敬意を示した。この行動は、李登輝の指示だったといわれる。厳密にいえば、この時台湾では依然「反乱鎮定動員時期臨時条項」が有効であり、台湾の「中華民国」にとって、北京当局は「反乱団体」であった。「アジア開銀規則と国際慣例」に従ったまでだというのが、郭婉容らの行動の理由説明であったが、これは、中華人民共和国を「反乱団体」ではない何か、として認知する意義を有した行動であったことは明らかである。これより先、三月の立法院の質問で、李登輝支持の集思会(後述)の林鈺祥議員が、台湾海峡両岸の関係には「一つの中国、二つの対等政府」のコンセプトで臨むべきだとの観測気球を上げていた。

さらに、六月三日、国民党一三期二中全会の開会演説で、李登輝は、中華民国外交の最終目的は国家主権の完全性の護持であり、大陸を実効統治していない現実に勇気をもって直面し、現実的(「務実的」)方策で目標達成に努力するのだ、と「現実外交」の理念を謳いあげるとともに、「反乱鎮定動員時期臨時条項」に触れ、その廃止までは言い出さなかったものの、その全面的検討の必要を訴えた。林議員の観測気球からこの演説まではワンセットである。李登輝は、外交から始めて、対中政策の根本(中国との相互関係の性格付け)と「中華民国」の憲政体制(「反乱鎮定動員時期」体制をどうするのか)の問題とが不可分であることを示し、憲政レベルの改革の問題、つまりは「憲政改革」を、いつの間にか党内政治のアジェンダに乗せてしまったのである。

これは、明らかに李登輝の明らかな政治的盗塁であった。動き始めた李登輝をめぐって、政局がうねり始める。八九年春、立法院の新しい会期の開始と共に、李登輝に好感を持つ本省人を主にした国民党の増加定員議員のグループ「集思会」が旗揚げし、八月には、これに対抗するかのように、外省人若手議員が「新国民党連線」を作った。この背景には、蔣経国晩年の本格的自由化と、民進党の躍進や李登輝の総統兼党主席就任に象徴される台湾人勢力の伸張に対して、若手の外省人が前途に危機感を抱く、いわゆる「外省人第二世代の危機意識」があった。国民党の外では、反対勢力内で「台湾独立」が公然と叫ばれるようになってきた。また、政権上層に関して、李登輝と李煥の間の、いわゆる「府院の不和」が、しばしば新聞に語られるようになった。

七七年の地方選挙で政治勢力としての「党外」が生まれて以来、台湾の選挙は、依然、権威主義選挙でありながら、一種創造的な役割を果たしてきた。八〇年の「増加定員選挙」は、美麗島事件で傷ついた党外の再出発を促し、八三年選挙は、「住民自決」という台湾ナショナリズムのスローガンを反対勢力を統合するスローガンとして推しだし、八六年選挙は、生まれたばかりの民進党を、台湾の政治舞台の中に認知した。つまり、選挙は一つの野党を作った。

八九年年末の立法委員(任期三年)の「増加定員選挙」と地方公職(任期四年)の、一二年に一度巡ってくる勘定の同時選挙(一二月二日投票)は、李登輝がストロングマン・シフトを手にして初の選挙であった。この選挙で、国民党は、総得票率で初めて六割をわり、地方公職選挙では、七つの首長(全二一)の座を失った。与野党対決の象徴的意味を持った「主席の故郷」台北県長選挙でも、民進党の尤清に敗れた。この結果は、国民党が依然テレビ・ラジオの電波メディアを押さえ、民進党が望むべくもない組織力と財力を有していることを考えれば、事実上の敗北であった。この敗北が、李登輝に「民主改革派」のポジションを固めさせる契機となった

敗因が民主改革の遅れにあることは明白であった。八九年一月、蔣経国三原則の法制化(特に反台湾独

立を「政党は国土の分裂を主張してはならない」とする）に激しく反発する民進党を何とかなだめ、政党を合法化する「人民団体組織法」が成立、まもなく国民党も民進党も政党として内政部に登録し、複数政党時代が正式にスタートした。

だが、肝心の国会改革の方は、進まなかった。国民党内で蔣経国晩年に合意に達したのは、「反乱鎮定動員時期臨時条項」に基づく総統の緊急処分令で中央民意代表の「自由地区」の定員を拡大し、「第一期議員」（つまり「万年議員」）には退職金を出して自発的退職を促す、というものであった。この方針も、八九年一月、「第一期中央民意代表自発退職条例」としてなんとか立法化したが、党首脳の働きかけにもかかわらず、自発退職は遅々として進まなかった。多くの「万年議員」は、年齢的にも社会的にも民意と隔絶して、なぜ自分が退職を求められているのかさえ理解できなかった。党外勢力は、かれらを「老賊」と罵倒し、マスコミのカメラは、議場で点滴を受け、眠りこけ、痰を吐くかれらの老態を執拗に追いかけた。一時、国際的にも有名になった、野党議員を中心とする議場での派手な立ち回りは、もともとはこの「老賊」の存在の不条理を浮き彫りにするためのパフォーマンスであった。

後に李登輝は、民主改革断行に踏み切った心境について、「政治改革一二人小組の副召集人をしていたとき、小組の年寄りたちには改革をやる気が全くないのがわかった。大衆は改革を望んでいた。だが、国民党内の力では駄目だった。だから、国是会議（後述）は、一種の無血革命だった」との趣旨を筆者に語っている（九二年七月二三日、台北・総統府にて）。八九年選挙の後、李登輝にとっての選択肢は明白だった。国民は、政治的自由化プラス限定的民主化という、蔣経国晩年に上層エリートが合意した微温的改革路線に満足していない。党内に「地盤」の無い李登輝は、改革推進を望む広範な世論のなかに「地盤」を勝ちとり、党内に進軍することができる。

　選挙後、中央組織工作会主任（兼党副秘書長）の関中が、七七年選挙の時の李煥と同様詰め腹を切らされて左遷され、李登輝―宋楚瑜ラインの党掌握が進んだ。

　次の戦場は、正副総統選挙であった。蔣経国を引き継いだ第七代総統の任期が九〇年五月で切れるため、九〇年三月に、依然として「万年代表」が多数を占める国民大会による第八代正副総統選挙が予定されていた。党内にも世論にも、総統候補は李登輝ということで異論は無かった。問題は副総統候補であった。下馬評にあがった有力候補は、一三全大会の中央委員選挙で最高得票を取り、兪国華から行政院長をもぎ取った李煥であり、李煥もそれを望んでいた。しかし、李登輝は、李煥らにいっさい諮ることなく、政治的実力ゼロの総統府秘書長李元簇を指名する意思を明らかにしたのである。

挨拶回りする副総統候補の李元簇(左)と李登輝

　李登輝が、李煥らの反発をどこまで予期していたのかは、よくわからないが、李煥らから見れば、蔣経国晩年以来の「集団指導の黙契に違反する行為」（汪士淳『千山獨行　蔣緯国的人生之旅』）であり、挑発でもあった。様々なかたちで李登輝―宋楚瑜ラインに不満を持つ者たちが、すぐさま結集した。李煥、郝柏村、林洋港、陳履安（経済部長、陳誠の長男）、許歴農（一九二一年生まれ、安徽省出身、退役軍人兵士就業輔導会主任、九三年八月国民党を離党し「新党」参加）、関中らである。かれらは、二月一一日に予定されていた、国民党の正副総統候補決定のための臨時中央委員会総会で、李登輝に真正面から挑戦する計画をたてた。国民党の中央委員会などのこれまでの採決方法は、トップの睨みが効く起立採決であったが、かれらは党運営の民主化を旗印にして、候補決定を無記名投票に改める提案をし、それが成功したら、本省人の林洋港を総統候補に立てることとしたのである。

李登輝側は、前日一〇日の午後になってこの動きを察知し、その夜は両陣営が中央委員をそれぞれの側に説得する電話合戦で明けた。当日は、緊張した議事の後、無記名投票採決を求める提案が、七〇対九九で否決されると、党中央の提案通り起立採決が行われ、無記名採決を主張した李煥、郝柏村、林洋港らも含めて全員が起立し、李登輝と李元簇が国民党の正副総統候補に選出された。この頃から、この国民党内の対立は、日本の自民党のかつての対立図式にならって、「主流」（李登輝派）、「非主流」（反李登輝派）と呼ばれるようになっていた。

上層エリート間の直接の闘争は、ここでいったん終息した。李登輝側は、増加定員代表も含めて、当選できる十分な票読みをしていた。だが、三月国民大会を最後の政治的強請《ゆすり》の機会と見る「万年代表」たちの動きが、台湾籍政治家ナンバー2の林洋港を傷つけ、世論の憤激を呼んで、李登輝に「万年代表」の支持を受けて総統職を確保しながら、民主改革派のポジションを固めるという離れ業をなさしめ

民主化要求を掲げて蔣介石記念堂広場で座りこみをする学生たち

てしまう。

早くから蔣緯国支持で動いていた元特務の騰傑らの「万年代表」は、党中央に対して対抗候補を立てようと動き始め、三月初めには、総統候補林洋港、副総統候補蔣緯国の線がマスコミで喧伝されるようになった。林洋港も蔣緯国も諾否を明言しないままマスコミの注視を浴び続けたが、最終的に林洋港は、本省人の政界長老の説得を受けて立候補要請固辞を明言し（一説に、引き下がらなければ「台奸」になると叱責されたという）、蔣緯国は、「蔣家のものが総統職を継ぐことはない」とした蔣経国の晩年の発言を否認して評判を落とし、蔣経国の次男蔣孝武に非難されて、これも舞台から降りた。

一方、「万年代表」は、大会の議題審査の予備会議が始まるや、国民大会の毎年定期開催、会議出席報酬の大幅増額などのお手盛り議案を次々に提出した。これには世論も大きく反発、地方議会が次々に非難決議をあげた。三月一四日、台湾大学の学生五〇名あまりが国民党中央党部にデモをかけて、①「反乱鎮定動員時期臨時条項」の廃止、②国民大会の解散、③政治改革促進のための国是会議の召集を要求、一六日には、台北市中心部に広大な面積を占める蔣介石記念堂の広場で座り込みを開始した。翌一七日からは台北以外の各地の学生も合流、一八日には、座り込み参加者は四〇〇〇から五〇〇〇にふくれあがった。また、この日広場では、市民も合流して二万人規模の抗議集会が開かれ、前掲の三項目のほかに、④政治改革時間表の提示、を含めた四項目の要求が決議された。一九日には、これに対する回答がなかったとして、一部の学生がハンストに突入、二〇日には、南部の高雄でも学生の座り込みが始まり、いくつかの大学で授業ボイコットも起こった。

李登輝は、翌二一日午前、予定通り国民大会で第八期総統に選出されると、直ちに国民党中常委を召集、国是会議の開催を党議決定した(国是会議準備委員会召集人に蔣彦士を任命)。夕方、座り込み学生の代表と総統府で会談、国是会議の早期召集と五月二〇日に予定されている就任演説で政治改革の時間表を提出する事を約し、学生は翌朝、「われわれの四項目要求は全国同胞の基本認識となった」として、行動終結を宣言した。

第八期総統に就任した李登輝

この頃、現地で取材した上村幸治によれば、「学生運動への鎮圧行動はないのか」との外国記者の質問に、政府スポークスマンが鼻でせせら笑い、「北京の天安門事件と、台湾の学生運動を比較すること自体が、政府と学生に対する侮辱だ」と返答したという(上村、前掲書)。確かに、北京の事態とは大いに違った。学生が持ち出した国是会議のアイディアそのものが、李登輝周辺のブレーンからでたものであった(上村、同前)。要するに、李登輝は機会を見て民主改革派のポジションをとることに決めていて、学生が拾って投げてきた自分のボールを受け取っただけ、そして、受け取った時には、民意のお墨付きが付けられていたというわけである。野党とも話がついていた。学生がハンストを始めた一九日、宋楚瑜秘書長が黄信介民進党主席と会って、国是会議の開催で一致し、民進党は同日、李登輝に誠意ありとして、大衆示威行動の暫時停止を決定していた。学生は李登輝のボールに民意のお墨付きをつけて李登輝に返して退散するしか無かった。だが、それは一年前の北京・天安門広場の学生の無惨を見れば、極めて賢明な、光栄ある、また台湾社会の一定の成熟を示す退散だったのである。

3 「憲政改革」

一九九〇年代初め、李登輝は民主化の政治過程における自分の役割は「バランサー」である、としばしば語り、「李登輝は綱渡りをしている」との指摘に肯定的コメントをしている(何洛編著、前掲書)。野党は、改革を求める世論に乗って、議会と街頭で旺盛な活動力を見せつけ、一方、李登輝・李元簇の正副総統選出を阻止できなかったとはいえ、非主流派の力はまだ侮れなかった。民主改革派のポジションをとった李登輝は、直ちに両面作戦を迫られることとなった。それは、反対勢力の穏健派を引き込み、「万年国会」の改革が「法統」を損ない、従って「台独」の疑念があるとして微温的改革以上に進みたくない保守派をなだめ、穏健な改革を、しかし確乎として断行していく、「憲政改革」の中道路線であった。

前者についてみると、九〇年四月二日、李登輝は民進党の黄信介主席と張俊宏秘書長を総統府に招いて懇談、李登輝は二年以内の憲政改革実現を約し、黄信介は懇談後「総統は英明で、民主的だ」との感想を記者に語って、政治改革のコンセンサス形成に向けた両者の接近を演出した。黄信介も張俊宏も美麗島事件の政治犯であり、かれらを総統府の上客として遇したことは、政府の反対勢力に対する融和姿勢を明白に語るものであった。民進党は、一週間後には国是会議への参加を機関決定し、一四日民進党代表も加えて、同会議の準備委員会が正式に発足した。

反李登輝筋が使い始めたと思われる、「李登輝情結《コンプレックス》」という言葉が流通し始めたのは、この頃であった。台湾人総統李登輝のやること・言うことは多少の瑕疵があっても大目に見る、逆に李登輝ハラスメントには自分が傷つけられたかのように反発する。このような態度が、一般の台湾人のみならず、反対勢力のリーダーにも支持者にも見られるというのである。これは、観察としては当たっている。国民党の内外の台湾人の「李登輝情結《コンプレックス》」こそ、「地盤」を持てなかった李登輝の大きな支えであった。ただ、「李登輝情結《コンプレックス》」が無くても、野党穏健派にとっては、李登輝が民主改革派のポジションを明確にした以上、これと結ぶのは合理的な選択であったことも確かであった。

さらに、李登輝は、九〇年五月二〇日の第八代総統就任演説で、
①早期に（翌々日の記者会見で一年以内と明言）「反乱鎮定動員時期」を終結させる、
②憲法修正（「修憲」）の方式で二年以内に、中央民意代表機構（国会）、地方制度、政府体制の改革を実施

する、

③「中共」が、民主政治と自由な経済制度を実行し、台湾海峡での武力使用の放棄を明言し、台湾が一つの中国の前提の下に対外関係を発展させることを妨害しないならば、対等の立場で国家統一問題について話し合う用意がある、

④いっそう現実的(「務実的」)な精神でもって「国際空間」を開拓していく、

との施政方針を表明した。また、同日、総統就任の特赦として、美麗島事件の受刑者の全面特赦を実施した。すでに釈放されていた黄信介、張俊宏、姚嘉文は、公民権を回復し、公職選挙立候補が可能になり、弁護士だった者は、その資格を回復した。また、しばしばハンストで収監に抗議していた施明徳と、八九年九月中国から密航して当局に自分を逮捕させる形で台湾帰還を果たしていた許信良(七九年米国亡命)も釈放され、公民権を回復し、早速政治活動を開始し、国是会議に民進党推薦の委員として参加した。

これより先、李登輝は、彼との不和があまりに喧伝されていた李煥行政院長を更迭し、軍籍離脱の上で郝柏村国防部長を後任に任命する意向を明らかにした。二月政争で非主流派の中心となったのは、この人物であった。李登輝の意中は、連戦外交部長であったとも言われるが、非主流派との亀裂の修復を優先させたのである。軍人出身者を首相に据えることで、戒厳令解除後悪化しつつあった治安の改善に取り組む姿勢を示すという政策的狙いもあったが、憲政改革のための両面作戦の重要な環境作りでもあ

った。非主流派がまとまって国是会議をめがけて攻勢に出てきては面倒であった。また、それは軍籍を離脱させ郝柏村を軍から引き離す、という権謀術数も含意した、含みの多い一手であった。

李登輝自身、これを「劇薬を処方した」と称したが、軍の実力者の首相指名は民間の強い反発を生み、再び学生・教授・市民による街頭抗議行動が高まった。民進党内では、当時の急進派の「新潮流派」が、国是会議ボイコットを唱えたが、黄信介、張俊宏ら「美麗島派」の執行部は、参加方針を堅持し、住民の直接選挙選出の総統による総統制、一院制の国会などを柱とする「民主大憲章」を党議決定して会議に臨む腹案とした。

行政院長郝伯村(左)と李登輝

かくして、国是会議は、①国会改革、②地方制度、③中央政府の体制、④憲法改正、⑤大陸政策と台湾海峡両岸関係、の五点を議題として、九〇年六月二八日から七月四日にわたって開催された。郝柏村首相任命で、「憲政改革」への街頭からの推進力入力は途絶え、正面切って反対はしないものの、党内非主流派も会議に対しては冷淡であり、党内からは、現行の「五院」(行政院、立法院、監察院、司法院、考試院)体制を維持する憲法の小幅改正にとどめるべしとの声が強く出された。そのため、国是会議は、国民党主流派と民進党穏健派の政治ショーの観を呈した。会議の性格も、討議はするが議決はせず、コンセンサスを文書にまとめるだけで、法的拘束力はないものとされた。

議題①の国会改革については、実は国是会議前に、憲法解釈を行う司法院大法院に対して民進党の陳水扁立法委員らによる解釈請求が出され、第一期中央民意代表（四〇年代の大陸での選出者および六九年の欠員選挙選出者）の任期は、一九九一年一二月三一日までという解釈が出て、八九年制定の退職条例によって退職しようがしまいが、「万年国会」はそこで終結することが決まってしまっていた。これも、一種の政治的盗塁であろう。

②については、長く公選から除外されていた台湾省主席、台北市長、高雄市長の公選実施が、さしたる異議もなくコンセンサスとされた。ただし、政府の実効統治地域と大きく重なる台湾省の廃止論が、この頃から政界に浮上しており、今日に尾を引いている。④については、「反乱鎮定動員時期」を解除し、「同臨時条項」を廃止して、憲法改正を行うことで何とか一致した。⑤が、意外にも最もコンセンサスが高く、中国とは政治交流の機はまだ熟していないとの見解が大部分で、大陸政策においては「二〇〇〇万台湾住民の福祉を前提とすべきこと」がコンセンサスとして強調された。この一句は後述の「国家統一綱領」にも書き込まれることとなる。

なかなか一致しなかったのは、③の議題にあがった、総統の選出方法であった。民進党の代表は、強く直接選挙制を主張したが、小幅の改憲の党内意見に縛られている国民党関係者の歯切れは悪く、また台湾住民だけで総統選挙をしたら「中華民国総統」の選挙でなく、「台湾総統」の選挙になる、「台湾独立」を宣言するに等しいのではないかとの疑念も表明されて、結局、「台湾全住民による選挙により選出される」という玉虫色のコンセンサスがまとめられた。

これらのコンセンサスについては、その実現の具体案作りのためにタスク・フォースが設けられることが了解されており、民進党はそれが総統府に設けられることを期待したが、李登輝はそこまでの主導権把握は無理と見たか、国民党中常委内に「憲政改革策定小組」を設けることとした。こうした成り行きは、在野陣営の失望を買い、国是会議推進の立場をとった美麗島派の威信もやや落ち、民進党は急進派に押されて、国民党の「修憲」に対して新たな憲法の制定を求める「制憲」を主張して対抗するようになった。

しかし、半年前までは、李登輝自身「反乱鎮定動員時期」解除を口にできない状態であったことを考えれば、国是会議は成功であったといえる。「万年国会」終焉の時間が定められ、「憲政改革」が動かすことのできない政治アジェンダになった。コンセンサス具体化案作りが国民党内に閉じこめられたとはいえ、中常委の「憲政改革策定小組」も動かざるをえなかった。

そこで出されてきたのが、前記「五院」体制堅持の小幅「修憲」の方針に基づく「一機関二段階」の改革日程であった(一二月一六日、中常委決定)。「一機関」とは、国民大会を指し、「二段階」とは、まず第一段階で第一期の国民大会(「万年代表」プラス八六年増加定員選挙選出の代表)により、憲法の「追加条文」を制定して、第二期中央民意代表(国会議員)の選出方法と第二段階憲法改正終了までの統治の法源を作り、第二期国民代表選挙を実施、選出された代表により、正式の憲法修正を行うというものであった。

このため、九一年四月、国民大会の臨時会議が召集された。ここでも、「万年議員」が政治改革に発言権を持つことに反発して、議場での民進党議員の激しい反対行動、街頭での大衆動員があったが、李登輝は方針を変えず、国民大会は、同月二〇日全一〇条の「追加条文」を決定、二二日「反乱鎮定動員時期臨時条項」の廃止を決議、これを受けて、李登輝は、五月一日、総統として「反乱鎮定動員時期」の終結を宣言するとともに、「追加条文」を公布した。これによって、台湾は中華人民共和国を反乱団体とは見なさず、台湾と対等の政治実体とみなすようになったのである（後述）。

これを受けて、同年末に実施された第二期国民大会代表選挙が、長く待たれた「万年国会」全面改選の第一段階であった。選挙の結果、国民党は、二五四議席（全三二五議席）を獲得、八六年選出の増加定員代表も合わせて、憲法議決に必要な四分の三を優に上回る七九％弱の議席を確保した。野党民進党は、八九年の立法委員選挙では二八％の得票率を得ていたから、国民党の四分の三の議席の確保は「高難度の目標」（宋楚瑜党中央秘書長）と見られていた。この国民党の勝利は、地方派系に議席が均霑《きんてん》しやすい選挙区割、地方派系による盛んな買収などの要因も考えられるが、大きかったのは、選挙直前の九一年一〇月、民進党が、党大会で「基本綱領」を改訂し、「主権独立の台湾共和国」の樹立を盛り込んだことにあった。同じ頃、『聯合報』が行った世論調査では、明日台湾独立が宣言されたら怖いと感じると答えた人が四七％（うれしい、が五％）、統一されたら怖いが二七％（うれしい、が二二％）であり、「統一か独立か」については、半数以上が「統一でも独立でもない」現状が良いと答えている。「台湾独立」支持が実際よりは低くでている可能性があるにしても、これがおおよその世論の状況であったとすれば、「台湾独立」の綱領化は、選挙対策としては誤っていたと言わざるを得ない。国民党は、「統一」は言わず、

「安定・繁栄の維持」を「反台独」に結びつけて唱えているだけで良かった。

だが、台湾社会の草の根から立ち上がってきた政党である民進党は、党の歴史のどこかで「台湾独立」を掲げざるをえない。「法統」が、近代中国の革命の中から立ち上がってきた中国国民党の歴史的重荷であったとすれば、日本の植民地支配と国民党の統治と、一世紀近く続く外来者支配の歴史からの脱却を求める「台湾人要出頭天《タイワンラン・ベー・ツッタウティン》」（台湾人として世界に胸を張りたい）の思いを代表することを自負する政党として、「台湾独立」は他に転嫁できない歴史の重荷であった。

総統直接選挙を訴えて座りこみをする民進党主席許信良

ところで、この選挙でのこのような民進党の成績は、李登輝にとっていささか不都合であったのかもしれない。国是会議の閉会式直後に民進党代表と台湾語で交わした会話の中で、李登輝は、総統の選出方式は、「何でもかまわない」と返答して、直接選挙について本人は反対していないことを示唆していた。もし、この時点で李登輝の「憲政改革」の落としどころが、総統直接選挙であったとすれば、それへの最も強い反対は党内から来るのであるから、民進党が四分の一以上を獲得し、民進党との妥協の必要から党内を説得していくのが望ましいと考えたかもしれない。

だが、それができなくなって、李登輝はそれを一人でやろうとした。九二年初め、党内の「憲政改革策定小組」の結論は、総統選出方式について、いわゆる「委任直選」という国民大会代表による間接選挙方式に傾きかけていた。李登輝は二月末、党中央秘書長の宋楚瑜と総統府秘書長蔣彦士に直接選挙方式を支持する意思を表明、三月四日『中国時報』は社説でこれを支持、続いて南部の県・市の議会正副議長が連名で次期総統は直接選挙で選出されるべしとの声明を発表した。

しかし、李登輝の急転回に対して非主流派の抵抗は強かった。三月九日の臨時中常委は七時間の議論を重ねたが、結論に至らず、さらに、一四日から開催された一三期三中全会でも決着がつかず、結局、二〇日から召集された第二段階「修憲」のための国民大会で、九五年五月二〇日(第八代総統任期切れの一年前)までに決定することに先延ばしとした。

この国民大会会議では、再度憲法「追加条文」が制定され、それを受けて、九二年末には、第二期立法委員の選挙が行われた。前年の教訓から、民進党は「総統直接選挙」を正面に掲げ、「台湾独立」を直接に言わずに「一つの中国・一つの台湾」で代替し、さらに、就任以来民進党議員の挑発にのり、頑なに「反台独」を唱えてきた郝柏村首相に砲火を集中した。その結果、民進党は、「万年議員」のいない新しい議会で、三分の一近い五一議席を獲得し、台湾政治の舞台に確乎たる地歩を築いた。

九一年、九二年と二次にわたる「修憲」と第二期議員の選挙の実施によって、李登輝の「憲政改革」は、総統の選出方式未定のまま、最初の山を越えたのであった。

この第一段階の「憲政改革」の過程は、また、政治の自由化がいっそう徹底した時期でもあった。蔣経国の晩年の自由化は、合法化される政党は「台独」と一線を画すことという、条件付きのものであった。蔣経国死後の民主化の過程で野党や在野勢力はこれに激しく反発した。国民党は、蔣経国の遺志通りに、「反台独条項」を国家安全法や人民団体組織法に書き込んだが、条文通りに取り締まりを実行することは事実上不可能であった。

22年ぶりに帰国した彭明敏

そんな状況の中、九一年五月初め「独立台湾会事件」が起こった。これは、日本在住の台湾独立運動家の史明が作る「独立台湾会」に関係して国家転覆活動に従事したとして、四名の青年が「懲治叛乱条例」と刑法一〇〇条(普通内乱罪)に基づき検挙、起訴された事件である。これには、ただちに学生・教授の激しい反発が起こり、台北の蔣介石記念堂広場や改築されて広いコンコースのある台北駅は、再び抗議集会の人並みで埋まった。これに対して、立法院は敏感に反応し、五月一七日早くも「懲治叛乱条例」廃止を決議(二二日総統令で廃止)した。

刑法一〇〇条は、言論を根拠に内乱罪に問える条文があり、同年秋には、双十節の式典にぶつけて、総統府付近の台湾大学医学部のコンコースで徹夜の座り込みの抗議が行われた。刑法一〇〇条は、結局翌年五月、言論内乱罪を規定した部分が削除された。「台湾独立」を主張することも、毛沢東を良しとすることも、言論の上では自由となった。

さらに、「懲治叛乱条例」が廃止されたため、これに基づいて作られていたいわゆる「ブラック・リスト」(帰国・入国を認めない政治的異端分子のリスト)も無効となり、多くの海外亡命人士が帰国を果たした。台湾人民自救宣言事件で七〇年からアメリカに亡命していた彭明敏も、九二年一一月台湾に帰還した。

かつての政治犯が「監獄島」と自嘲した島(柯旗化『台湾監獄島』)は、確かに政治犯のいない島となったのである。

4 「大陸政策」の形成

蔣経国の晩年、公式の「三不政策」にもかかわらず進展した民間の対中交流におされて、第三国経由の対中間接貿易と大陸旅行の解禁が行われ、中国間の貿易は急速に拡大し、また台湾から大陸への投資も増大して、台湾海峡がいわば「通商の海」へと変貌していったことは、すでに触れた。

このような「通商の海」への変貌は、当然ながら大量のヒト、モノ、カネの移動が伴う。それと共に、婚姻、相続、債務関係などの台湾海峡両岸住民間の民法的権利関係及び密輸、密航、海賊行為、犯罪人の逃亡、そしてハイジャックなどの不規則往来とそれに伴う紛争が生じる。

公式には「三不政策」を掲げ続けるにせよ、台湾側もこうした問題には、実務的にまた行政的に対応せざるをえず、一九八八年夏の国民党一三全大会以後、国民党中常委内に「大陸工作指導小組」を、行政院には「大陸工作連絡会議」を設けて対応することとし、さらに、行政的対応の根拠として、「台湾・大陸地区人民関係条例」の起草作業が開始された。

しかし、李登輝が国際社会に新しい姿勢でかかわろうとする「現実外交」を発動させ、かつ民主改革のため「反乱鎮定時期」規定に手をつけようとし始めると、この態勢は見直されることとなった。前述のように、「反乱鎮定時期」は、自身を「反乱団体」である「中共」を鎮定すべき正統政府と規定するものであるから、この規定の解除は、台湾に存在する政治体についての何らかの新たなコンセプトの形成を必然とする。また、中国との関係の処理は、それが実務的・行政的レベルのものであろうと、それ無しには、対応は難しい。民進党や在野勢力内に公然たる「台湾独立」の声が高まり、国民党内でも、前記集思会の林議員の「一国家・二政府」論や郝柏村首相の「一国家・二地区」論などが飛び交う所以である。

こうした中で、李登輝は国是会議終了後の九〇年八月、大陸政策のガイドラインを策定する機関として総統府内に超党派の人士による国家統一委員会を設ける方針を明らかにした。九月初旬、国民党中常委はこの方針を承認、一〇月七日、国家統一委員会は発足し、第一回の会合を開いた。

これとともに、行政的・実務的対応の態勢も整えられ、行政院レベルでは、大陸工作連絡会議が廃止され、常設の大陸委員会が設けられた(一〇月一八日)。また、実務面での中国大陸との接触・交渉のため、国是会議のコンセンサスにのっとり、民間団体の形式で「仲介団体」として、「海峡両岸交流基金会」(海基会)が作られた(一一月二一日)。海基会の理事長には、台湾財界の重鎮で国民党中常委でもある辜振甫が就任した。

国家統一委員会は、その下に専門家委員会を設け、大陸政策ガイドライン文書案作成作業に取り組み、九一年二月二三日第三回会議で「国家統一綱領」を採択、まもなく国民党中常委と行政院院会(閣議に相当)がこれを政策ガイドラインとして承認した。

この政策文書は、中国の巨大な存在の圧力と内部の民主化・台湾化の潮流の圧力の中で、「統一」は掲げつつも台湾住民の権益の優先、北京との対等の「政治実体」を謳って、なんとか内部のコンセンサスを固めようとする台湾のリーダーたちの苦心の作である。その要点は、次のいくつかにまとめられる。
(一)「民主・自由・均富の中国の再建」が統一の目標である。
(二)「中国は一つ」で台湾はその中国の一部だが、今は相互に対等な二つの「政治実体」に分裂している。
(三)中国統一のタイミングと方式においては「まず台湾地区人民の権益を尊重するとともに、(その)安全と福祉を擁護」しなければならない。
(四)国家の統一は、「短期=交流互恵の段階」、「中期=相互信頼と協力の段階」、「長期=協商統一の段階」の三段階を経て達成されるが、固定した時間表は設けない。
(五)現段階は「短期=交流互恵の段階」に属し、中台の直接の「三通」が実現し中台のハイレベル人士の相互訪問が行われる「中期=相互信頼と協力の段階」へと進むには、①北京側が、相互の問題を解決する手段としての武力行使の放棄を明言し、②台湾を対等の政治実体と認め、③国際社会での台湾の活動を妨害しない、ことが条件となる。

ところで、民主改革にのりだした李登輝は、政治的二面作戦を強いられたと、先に述べたが、このように「国家統一」を正面に出した政策文書の作成は、「憲政改革」に「台独」の疑念を抱く保守派の口封じのための譲歩の意味もあった。民進党の急進派や在野の台独勢力は、李登輝のイニシアチブのこの側面に反発し、前述の如く民進党執行部を突き上げ、「台湾独立」の目標を綱領に書き込んだのであった。

しかし、李登輝にしてみれば、こういう短期的政局の考慮ばかりでなく、中長期的な局面維持、中長期的に台湾に存在しているこの政治体を入れておける一種の政治的箱を作ることを考えていたのかもしれない。北京の掲げる「一国家・二制度」構想による統一方針に歩み寄ることは、対内的に考えられず、対外的には「台湾独立」が北京の虎の尾を踏み、国際社会の支援も期待できず、戦争の危険を冒す禁じ手であるとすれば、また、世論の大部分が中国との関係枠組みの現状維持を良しとしているのであれば、「統一」と「独立」の間に民主化後の台湾政治が展開できる安定した、柔軟な領域を確保しなければならなかった。

中国側は、その「一つの中国」の立場から、国家統一綱領の「一つの中国・二つの対等な政治実体」論について、これを「二つの中国」をめざすものと見る原則的批判の立場を崩さなかったが、交流面では柔軟な対応を見せた。

これより先、中国側は、七九年にいわゆる「三通」(通郵、通商、通航)を呼びかけて以来、中共中央に対台工作指導小組を置き、政府各部門、各級政府に対台弁公室を設けて交流実務に対応してきたが、交流拡大が本格化すると、国務院に台湾事務弁公室を設置して、各部門・各級の台湾工作を調整させるようになった。台湾側がその政治面での「三不政策」の考慮から提起した「仲介団体」の設置には、当初否定的であったが、途中から方針を変更し、九一年一二月、海基会のカウンターパートとして「海峡両岸関係協会」(海協会)を設立した。会長には江沢民共産党総書記に近いといわれる元上海市長の汪道涵が就任し、国務院台湾事務弁公室副主任の一人だった唐樹備が、実務を取り仕切る常務副会長に任命された。

海基会は設立されると早速大陸に代表団を出して、国務院台湾事務弁公室などと接触、海協会ができるとこれと実務接触を重ね、九二年には秘書長・常務副会長レベルの協議が始まり、九三年にはついにシンガポールで両会のトップ同士の会談(いわゆる「辜汪(汪辜)会談」)が実現し、「両岸(私法関係)公証文書確認に関する協議」、「両岸書留郵便問い合わせ・保証に関する協議」など四件の協議文書が調印された。辜振甫、汪道涵両者ともに「民間人」ではあるが、それぞれの最高政治リーダーに近い人物であり、その会談実現の政治的意義は小さくなかった。事実、この後、九四年秋APEC(アジア太平洋経済閣僚会議)非公式サミット出席をめぐる発言の中で、李登輝が国際的場面での江沢民との「自然な会談」を呼びかけると、江沢民・李登輝両首脳のワン・ラウンドの政治対話が実現したからである。まず、翌年一月には江沢民が、いわゆる「江八点」を提起し、李登輝の大陸訪問を誘った。「江八点」の要点は次の通りであった。
①一つの中国の原則を堅持することは、平和統一を実現するための基礎であり前提である。「台湾独立」、「分裂、分治」、「段階的二つの中国」に断固反対する。
②台湾が「二つの中国」「ひとつの中国、ひとつの台湾」をでっちあげることを目的として、いわゆる「国際空間を拡大する」活動を行うことに反対する。
③双方がまず「ひとつの中国の原則の下で、両岸の敵対状態を終わらせる」ことについて交渉を行い、合意に達することを提議する。
④平和的統一の実現に努め、中国人同士は戦わない。武力行使の放棄を承諾しないのは、外国勢力の中国統一への干渉と「台湾独立」の企みに対するものである。
⑤互恵・互利を踏まえて、台湾業者の投資の権益を保護する民間協定について話し合い、それを結ぶことに賛成する。
⑥中華五〇〇〇年の燦然たる文化は終始全中国人を結びつける精神的きずなであり、平和的統一を実現させる重要な基礎でもある。
⑦二一〇〇万の同胞は、その本籍が台湾省であるかその他の省であるかを問わず、みな中国人であり、血肉を分けた同胞、兄弟である。
⑧台湾当局の指導者が適切な資格で(大陸に)訪問に来ることを歓迎する。台湾側の招きに応じて台湾に赴くことも望んでいる。

これに対して、李登輝は、「新味無し」と片づけようとした大陸委員会を制して、幕僚に慎重な検討を命じ、四月久しぶりに開催した国家統一委員会での演説の形で、いわゆる「李六条」を示したのであった。その要点は次の如くである。

①両岸分治の現実の上に中国統一を追求する。

②中華文化を基礎として両岸の文化交流を強化する。

③両岸の経済貿易の往来を増進させ、相互利益・相互補完の関係を発展させる。

④両岸は対等に国際組織に参加し、指導者はその自然な機会に会見を行う。

⑤両岸は平和的な方法ですべての争いを解決する立場を堅持すべきである。

⑥両岸は共同して香港・マカオの繁栄を守り、香港・マカオの民主化を促進しよう。

実際には、この「李六条」も「新味」は無いのだが、両首脳が、とげとげしい言葉を用いず、それぞれの立場を述べ合ったところに新味があったといえよう。

このように、両岸の実務的な問題についての低レベルの機能的接触の積み重ねが、しだいに高レベルの政治的接触を可能にしていくという、機能主義の国際関係理論を実証して行くかのような展開が見られたのであった。だが、その見通しはまもなく崩れた。九五年夏から九六年春にかけて、台湾海峡両岸は、五〇年代に続く第三次台湾海峡危機と言っていいほどの緊張に包まれることとなった。緊張をもたらした台湾側の要因は、政治体制の民主化がもたらす必然的な台湾化、それがさらにもたらす体制イデオロギーの台湾化と、台湾化のもと高揚する自主意識を反映した「現実外交」の推進であった。

第八章　初代民選総統

政治的自由が保障される、つまり政府に対して異論を述べ立てても逮捕されないようになる、そして、重要な政治的公職者が自由で公正に執行される定期的選挙で選出されるようになる。それが、民主化である。およそ民主化と称される政治的変動は、この二つの要素が含まれている。台湾の一九八〇年代からの政治変動も、これらの要素が含まれているから、内外のマスコミが民主化と呼び、また渦中で政治的役割を演じている人たちも、そのように認識してきたのである。

だが、民主化という政治変動の現実の政治過程は、その社会の歴史的成り立ちを反映して個性的であり、また枝葉末節の様々な人間模様をも織り込んで多彩である。すでに見てきたように、台湾では、民主化は台湾化であった。一部の人々にとっては民主化を望んで台湾化が付随した。ある人は、それを受け入れ、ある人は反発した。また、おそらく、より多くの人々は台湾化を渇望して、そのために民主化が必要とされたのかもしれない。

台湾化は、まず政権人事の台湾化であった。かつて一九四九年前後に台湾海峡を越えてやってきた大陸人エリートから、土着の台湾人エリートへと、政権の主要ポストと政権運営の主導権はしだいに移動した。また、民主化により政権エリートの権力を正統づけるのは、台湾で（かつての「万年議員」がそうであったように、中国大陸ではなく）挙行される選挙であるから、政権の正統性の根拠もまた台湾化される。

台湾化はまた、国家イデオロギーの台湾化でもあった。政策運営における「台湾優先」が国民党内から唱えられ始めたのは、八九年選挙からであったが、九一年春には、国家統一綱領の、「(中国統一にあたっては)まず台湾地区人民の権益を尊重する」との文言に書きこまれている。

民主化とそれに付随する台湾化により、台湾の「中華民国」は、静かにその政治的中身を変容させていた。筆者はかつて、それを「中華民国第二共和制」という言葉で表現したことがあるが、台湾の当局によってよく使われているのは、「中華民国在台湾」(The Republic of China on Taiwan)という表現である。これは当初、「台湾独立」の意味合いを避けながら、台湾という所在地と「中華民国」という国名とを同時に表し、かつ中華人民共和国との混同を避けるために考案された言い方だった。日本語に訳せば、「台湾にある中華民国」。一つの政治体のアイデンティティを表す言葉としては、いかにも煮え切らない感じがするが、台湾の「中華民国」の、「化」しつつある過渡的な政治的内容をよく反映する表現ではある。「台湾独立」が国際的に禁じ手であり、「台湾共和国」が禁句でも、「中華民国在台湾」があるさ、と感じる人は、台湾では少なくないだろう。

民主改革派のポジションをとり、過渡期の政局のうねりの中心に座った李登輝は、この「中華民国在台湾」のイデオローグであり、その覇気あふれるセールスマンでもあった。

1　海を渡ってきた「族群」から台湾土着の「族群」へ

民主化と台湾化とは、理屈の上では違う事柄だが、実際にはかなり重なっていた。なぜそうなったのか、復習しておこう。

まず、国民党が支えるところの「中華民国」こそが中国の正統政権である、との「法統」の観念があった。その観念を実体として表していたのが、共産党との内戦の時期に中国大陸で選ばれた第一期中央民意代表(国民大会代表、立法委員、監察委員、まとめて国会議員に相当)であった。これらの国会議員は、国民党政権が台湾に逃れてきてからも改選されず、「万年議員」となった。また、党・政府・軍・特務機関の重要ポストは、戦後新たに来台した外省人エリートが握り、地方公職選挙などを通じて台頭した本省人エリートが、これに従属するという、政治エリートのエスニックな二重構造ができた。そして、文化的には、中国の「国語」(中国普通語)の普及がはかられた。これは、外省人・本省人、さらには福佬人・客家人・先住民族などの「族群」(エスニック・グループ)間の共通語を形成したというメリットはあったが、一方で、福佬語(別名閩南語、俗に台湾語)、客家語などの本省人の母語が抑えられたという側面もあり、総じて、台湾的なるものが、中国的なるものに比して一段劣るものであるとのオフィシャルなイデオロギーが堅持された。

かくして台湾の従来からの住民である本省人は、数の上では圧倒的多数であるが、政治的・文化的パワーの上ではマイノリティの地位に置かれた。これは、本省人の視座から見て比喩的に言うならば、一種の植民地的構造であった。このことを了解しておかないと、民主化期の台湾政治は何のことかわからない。一九世紀末から半世紀続いた日本による正真正銘の植民地支配、そして戦後のいわば擬似植民地的な政治構造、こうした歴史から醸し出される、台湾本省人の「台湾人要出頭天」(台湾人として世界に胸を張りたい)との感情は、一九七〇年代末に「党外」が一つの政治勢力の体をなすようになると、そこに投影されるようになり、蔣経国時代の漸進的・限定的「台湾化」政策の一つの帰結として、八〇年代末、初めての台湾人総統李登輝が誕生すると、この李登輝という人格の上に、急速に凝集を始めたのであった。この力を背景に、「身に寸鉄を帯びず」総統府入りし、ほとんど「班底」(追随者集団)を持たず国民党中央党部に乗り込んだ李登輝が、民主改革を推し進め、一つまた一つと権力闘争を乗り切っていく。

九〇年の「二月政争」のあおりで更迭された李煥に続いて、李登輝が背にする「台湾人要出頭天」の風圧をまともに受けることになったのは、後任首相の椅子に座った郝柏村であった。

当初、李登輝は、郝柏村との関係を「肝胆相照らす」と形容して、蜜月を演出した。郝内閣も「治安内閣」を標榜して一定の成果をあげ、その面では世論の評判も悪くなかった。当時、戒厳令解除のあおりで、台湾の治安は確かに悪化していた。例えば、密輸入された中国製拳銃「トカレフ」が出回り、豪華な外車に目を付けて、上着の下から「トカレフ」をちらつかせながら「保護費」をせびる街のチンピラの出現に、台湾の小金持ちたちは、閉口していた。こうした状況に正面から取り組むには、郝柏村が適切な人材の一人であったことは間違いなかった。

しかし、李・郝の蜜月は、長く続かなかった。その原因の一つは、軍権をめぐる衝突であった。郝柏村が、軍を退役したにもかかわらず、軍に対する影響力を維持しようとし、李登輝が、憲法上総統に与えられている統帥権(憲法第三六条)に基づき、軍権を実際に把握しようとしたのである。

郝柏村は、八一年から八九年に国防部長に転出するまで、異例の長期間(二年交代が通例であった)参謀総長を務め、軍に広く人脈を持っていた。行政院長就任後も、行政院長の身分で、定期的に要職にある軍人を国防部に召集して、軍の状況を報告させる会議を開いたり、参謀総長の人事権への影響力行使をためらわなかった。

これに対して、李登輝は、総統府を通じて、郝柏村の軍事会議召集の情報を野党民進党の議員にリークし、総統の統帥権を侵す越権行為の疑いがあると攻撃させた。そして、九一年八月一日には、主だった将軍を集めて「軍人は国家に忠実でなければならず、特定の個人に忠誠を向けてはならない」と強い姿勢を示した。また、軍の人事についても、軍内の反郝柏村派勢力の劉和謙を参謀総長に、蔣仲苓を総統府参軍長(総統の軍事顧問)に登用することに成功し、かれらを通じて、軍内のいわゆる「郝家班」の影響力を削減していった(周玉蔻『李登輝の一千日』)。

もう一つは、立法院における集中攻撃である。軍人気質からか、「反台独」「中国意識」をストレートに主張する郝柏村は、民進党議員の恰好の標的であった。また、九二年年末に予定されていた、初めての全面改選となる立法委員選挙を意識して、「台湾優先」を主張する国民党主流派議員のなかにも、「一中一台」を唱えて、郝柏村に照準を向ける者も出てきた。

こうして、無骨な郝柏村は、「反台湾」のレッテルを貼られて追い込まれ、九二年に入ると、内閣指導力にもかげりが出てきた。九二年夏、財政部は土地価格増大分への課税方式を、実際の交易価格を基準とする方式にあらためる提案を行ったが、国民党中常委でも「人民の権益を損なう」との強い反発が起こり、地方議会は一斉に財政部長王建煊(眷村出身の外省人)批判の火の手をあげ、「外省人の財政部長が本省人庶民の土地を取り上げようとしている」という流言まで流れた。反対したのは、土地ころがしで財をなした成金や地方財閥ばかりではなかった。農業が衰退し、収益性の高かった果物の栽培や養鶏なども、貿易自由化のあおりを受けて、明るい展望がなかったから、地方の農民にとっては、土地の値上がりは重要な理財の道であった。王建煊は、年末の選挙への影響を恐れた李登輝の支持を失い、辞表を提出、郝柏村もこれを認めざるをえなかった。また、郝内閣成立とともに、環境保護署長として入閣していた「新国民党連線」のリーダー趙少康は、このような情勢を見て、辞表を提出、台北県に戸籍を移して、年末の立法委員選挙出馬を表明した。王建煊も、台北市北選挙区から無所属で立候補、趙少康ともども、それぞれの選挙区で、記録的な高得票で当選を果たした。

国民党内外入り乱れての権力闘争の最後の一押しをしたのは、またしても選挙であった。九二年一二月、立法委員の全面改選が行われると、新しい国会の八割以上が本省人となった。北部都市部で趙少康、王建煊らが好成績をあげても、この大勢は変わらない。「万年議員」はすでに政治の舞台から退場している。政治エリートの省籍による配分が、本省人のほうに傾いたことが、今さらながらに実感された。

行政院長就任の宣誓をする連戦(前列左)

選挙後、李登輝も郝柏村更迭の意志を隠さなくなり、これに対して、台北の街頭では、郝柏村擁護・李登輝打倒を唱える、動員された外省人老兵などのデモが繰り返された、しかし、これは、外省人・本省人の力関係がついに逆転したことを、かえっていっそう明白に内外に印象づけただけであった。政治権力の分配の不平等を解消する政治制度の民主化を求めて、街頭行動に訴えていたのは、ついこの間までは、民進党など本省人勢力だったのである。

九三年一月三〇日、国民大会臨時会議の閉会式で挨拶に立ったのが、郝柏村の行政院長としての最後の舞台であった。民進党代表のヤジと怒号の中、郝柏村は「中華民国万歳」「台独を消滅させよ」とスローガンを叫んでから、会場を去り、その日の午後のうちに辞意を表明した。二月一〇日、国民党中常委は、李登輝の提案により、連戦(当時は台湾省主席)を行政院長に指名するに決し、立法院は、二三日連戦に対する同意投票を行い(憲法第五五条「行政院長は総統の指名により、立法院の同意を経て総統が任命する」)、一〇九対三三で、連戦を承認した。連戦の後任の台湾省主席には、宋楚瑜中央秘書長が任命され、宋楚瑜の後任の党中央秘書長には、許水徳駐日台北経済文化代表処代表が任命された。

軍人事の台湾化は、たいへん慎重な姿勢がとられ、また台湾人のこの方面の人材も多くないので進んではいないが、党・政府については、こうして、蔣家の支配の時代には考えられなかった総統・行政院長・党中央秘書長という重要ポストのすべてを台湾人が占めることとなった。台湾政治は、明らかに外省人エリートの手から本省人エリートの手へと、台湾のある新聞の表現を借りれば、「海を渡ってきた族群から台湾土着の族群へ」と、その主導権が移ったのである。

こうした変動を受けて、八月中旬に開催された国民党一四全大会は、今や確立された李登輝の権威を確認する大会となった。李登輝は圧倒的多数で党主席に再選された。非主流派は、副主席の設置を要求して食い下がったが、李登輝は、副主席の数を四名に増やし、郝柏村、林洋港に副主席のポストを与える代わりに、副総統の李元簇と行政院長の連戦も副主席にして、このポストそのものを無意味にしてしまった。

九三年一月、郝柏村との闘争が最後の局面を迎えている頃、李登輝は台北の官邸に故司馬遼太郎を迎えて、「権力を自分にひきよせるのではなくて、まして自分が権力そのものになるのではなくて、ここ(机の上)に置いて、いわば権力を客観化して、……つまり実際主義《プラグマチズム》でもって、権力から役に立つものだけをひきだせばいい」、との権力観を語っている(『台湾紀行』)。このような権力観が、李登輝の権力運用に実際にどのように反映しているのか、明確に語れる自信は筆者にはないが、李登輝の政治闘争の武器が、一般の台湾人から野党のリーダーにいたるまで存在する「李登輝情結」ないし「台湾人情結」と、総統兼党主席というストロングマン・シフトにあったことは、これまで見てきたことからも明らかだろう。

李登輝にとって、ストロングマン・シフトの最大の武器は、行政院長任命権限であった。総統としての任命権は、党主席としての指導権で担保されている。ポスト蔣経国の実力者李煥と郝柏村は、李登輝がオファーするところの、行政院長という実権あるポストの魅力に惹かれて、それぞれ自身のそれまでの権力基盤である、党と軍とから引き離されて、くさびを打ち込まれた。そして、外省人の反李登輝陣営の大物として、「台湾人情結」の大波を真正面から受けて、ふらつかせているその足下を、李登輝に見透かされ、権力の第一線からの後退を余儀なくされていったのである。

郝柏村が辞任に追い込まれたことは、非主流勢力の立法院における代表である「新国民党連線」にとっても、大きな衝撃であった。外省人第二世代が中心であるこの勢力にとっては、李登輝主導で中国国民党ならぬ「台湾国民党」と化した党は、もはやとどまるに値しないものであった。かれらは、国民党を去る準備を始めた。

九三年二月一一日、国民党中常委で連戦の行政院長指名が決定された日の翌日、「新国民党連線」は、台北で「総統、お尋ねします」と題する李登輝批判の大衆集会を開催した。これが、以後に続く、このグループの、いわば右翼的大衆動員の端緒であった。

三月五日、「新国民党連線」は、人民団体組織法により内政部に政治団体届を提出、記者会見で、自分たちこそが「正統国民党」であると表明した。これは、直接には、内政部が、団体名にすでに存在している政党の名称(国民党)が含まれているという理由で、届出を受理しなかったことに対して述べられたものであるが、李登輝の「台湾国民党」に対するかれらの心情をよく表現している。

いずれにせよ、これで「新国民党連線」は、国民党からの組織的分離の第一歩を踏み出したのであり、以後、各地で旗揚げの「政見説明会」を開催して動員をはかっていった。民進党や国民党主流派側は、これに対して、この政治集団は、その外省人的色彩のため、「新国民党連線」は「濁水渓(台湾西部平原の中央を流れる台湾最大の河川)を越えられない」(台湾意識の強い中南部では政治活動は無理、の意味)との揶揄をもって応えたため、「新国民党連線」は、三月一四日に高雄市内での集会を計画した。しかし、当日、民進党支持者が押し掛けて衝突が発生、集会は開催できなかった。この事件が衝撃で、「新国民党連線」、さらには後の「新党」の活動に参加するようになったという支持者も多く、三・一四事件は、いわば「新党」の「高雄事件」となった。

さらに、六月「新国民党連線」は、機関誌『新連線通訊』を創刊、そして、国民党の一四全大会を数日後にひかえた八月一〇日、ついに「新国民党連線」は国民党脱党を表明、「新党」の結成を宣言したのであった(八月二二日、結成大会開催)。その勢力は、国民党を脱党した六名に、前財政部長の王建煊が加わった、立法委員七名であった。「新党」は、同日に発表した「結成宣言」で、「腐敗・金権の国民党、暴力・省籍煽動の民進党」に代わる第三の選択となる「庶民の政党」を標榜した。小規模ながら国民党は分裂し、八〇年代末の国民党対民進党の二党間の、ついで九〇年以後の二党一派(民進党・国民党主流派・国民党非主流派)間の対抗で進行してきた台湾の政局は、正式に三党で争われる構造となってきたのである。

2　「中華民国在台湾《The Republic of China on Taiwan》」のイデオローグ

「万年国会」の消滅に伴う本省人・外省人の力関係の転換の中で、非主流派を圧倒することに成功した李登輝は、一九九三年以後、「国連参加」の方針を打ち出すなど、「現実外交」への取り組みを再び強化すると同時に、「土生土長」(台湾生まれ台湾育ち)を自認する民進党のお株を奪うような、「台湾人色」の強い発言をするようになった。最初に触れたような、李登輝の「中華民国在台湾」(The Republic of China on Taiwan)のイデオローグとしての側面が前面にでてきたのである。

李登輝のこの「中華民国在台湾」イデオロギーは、以前からも「台湾優先」「生命共同体」といったスローガンに含意されてきたが、何といっても集中的に、また衝撃的に表現されたのは、台湾でも中国大陸でも激しい物議をかもした、司馬遼太郎との対談であった(『週刊朝日』一九九四年五月六日・一三日号掲載。のちに司馬『台湾紀行』収録)。「中華民国総統」李登輝の裃《かみしも》の下の台湾人李登輝が強烈に自己主張している。長くなるが、さわりをいくつか引用しよう。

「台湾人として生まれ、台湾のために何もできない悲哀がかつてありました。」

「中日甲午戦争(日清戦争)で日本に負けたとき、李鴻章(清朝の重臣)がいちばん初めに日本に割譲したのが台湾でした。台湾は別にいらないんだと。化外の地だからね。日本がもらったって始末に困るよ、そんな感じでした。」

「日本政府は台湾を中華民国政府に返した。その中華民国政府は大陸における内戦で負けて台湾に来た。すべてのものをなくし、台湾だけは残して持っている。中国共産党は台湾省は中華人民共和国の一省なりという。変てこな夢ですね。台湾と大陸は違った政府である。(中華民国総統である自分としては)いまはここまでしかいえません。」

「(司馬：この世で中華という言葉ほど紛らわしいものはない。)李：中国という言葉も紛らわしい。」

「江沢民さんと会う機会があったら、私は彼にこういいたいんです。大陸政策や国家統一という問題をいう前に、台湾とは何かということを研究してみてはどうか。昔流に台湾の人民を統治するという考えでは、別の二・二八事件が起こりますよと。」

「いまは郷土の教育が多くなってきました。台湾の歴史、台湾の地理、それから自分のルーツなどをもっと国民学校の教育に入れろといっているんです。台湾のことを教えずに大陸のことばかり覚えさせるなんて、ばかげた教育でした。」

「いままでの台湾の権力を握ってきたのは、全部外来政権でした。最近私は平気でこういうことを言います。国民党にしても外来政権だよ。台湾人を治めにやってきただけの党だった。これを台湾人の国民党にしなければいけない。」

「植民地時代に日本が残したものは大きい。批判する一方で、もっと科学的な観点から評価しなければ、歴史を理解することはできないと思うな。」

「中華民国在台湾」イデオロギーの核心は、歴史の解釈である。李登輝はここで、現在の台湾のよって来るところを、台湾が「中華民国」の統治下に入った一九四五年ではなくて、少なくとも、下関条約により台湾が清朝統治から切り離された一八九五年に求める観点をとっている。李登輝は、一九九五年創立一〇〇周年を迎えた台湾大学病院の記念行事に自ら出席して祝辞を述べたが、それも同じ観点からであろう。台湾と台湾人を理解したいなら、この一〇〇年を虚心坦懐に見つめてもらわなければ困る、李登輝はそう言いたいのであろう。

これは、典型的な台湾人的観点である。戒厳令解除のはるか以前から、また、「台湾意識」か「中国意識」かといった論議が、ジャーナリズムをにぎわす、その前から、台湾生まれ台湾育ちのインテリと少し話をすれば、このような台湾人的観点が抱かれていることは、すぐわかった。そして、かつてはそれは、決して主流のメディアに載ることのない、まして国際的なメディアが目を向けることのない、マイナーな言説として遇されていた。しかし、いまや、李登輝は、それを「中華民国総統」「中国国民党主席」の身分で、おおっぴらに述べることによって、体制のメジャーな言説の中に一気に組み入れてしまったのである。これもまた、「台湾人要出頭天」の追い風を利用した李登輝の政治的盗塁、あるいは、イデオロギーのクーデターであったのかもしれない。

ただ、李登輝が決して「中華民国総統」の袴を脱ごうとしていないことにも、留意しなければならない。李登輝は、その「台湾優先」の政策に「台湾独立」の疑義が唱えられる度に、「台湾独立反対」「将来の中国統一」を繰り返し言明し、台湾の主権問題については、「中華民国は八〇年以上も存在し続けている」との言明を繰り返している。だから、李登輝の「中華民国在台湾」を掲げたイデオロギー的言説は、論理的に一貫していない。よく言えば折衷的、悪く言えば、台湾人には台湾人的観点を、中国人には「中華民国」の観点を言う二枚舌である。

だが、台湾の、また台湾をめぐる政治的現実を考えると、この折衷主義は、実に合理的でもある。台湾の各「族群」の台湾の歴史や台湾のアイデンティティに関する認識は、いまだ十分に収斂を見せていない。こういう状況では、台湾の住民のまとまりの維持に責任を持つ政治リーダーとしては、ある言説に一〇〇%傾いてしまうわけにはいかない。また、台湾が中国と統一すべきか独立すべきかの、いわゆる「統独問題」について、八〇年代末から行われるようになった世論調査では、調査のタイミングやや り方で差があるものの、中台政治関係の「現状維持」が、常に五〇%から八〇%の最大多数を占めている。つまり、台湾の世論の多数は、中国のいう条件による統一も、中国との戦争の危険もある「台湾独立」も、望んでいないのである。政権党の党首としては、世論におけるこの多数派に錨を下ろして、安定した支持の獲得をはからなければならない。さらに、「台湾独立」は、台湾の内部だけを顧慮すればいいのなら、強行することもあるいは可能かもしれないが、戦争の危険を自らは冒さないという前提に立つ限り、国際的には明らかに「禁じ手」である。そして、台湾の政治家には、台湾の内部だけを顧慮すればいいという自由はない。

台湾の政治的現実をこのように見るならば、李登輝の、いわば古い「中華民国」の看板の上に「台湾」という判子をポンと押しただけの折衷主義も、かなりの政治的合理性を持つ。ただ、李登輝支持のインテリでも、司馬遼太郎との対談では、「台湾人李登輝」が突出しすぎて、すでに自ら枠を破ってしまっているのではないか、例えば、中華の文化そのものにも疑念を出しているが、これは、知的疑問としては当然だが、政治指導者としては口に出すべきではなかったのではないか、口に出すのは引退後でよかったのではないか、といった危惧を心の片隅に抱いている人は少数ではなかろう。

もちろん、この危惧が実際のものとなって、台湾の歴史に禍根を残すことになるかどうかは、今後の中台両地の指導者の舵取りと相互理解の努力如何にかかっている。もっといえば、「改革と開放」の堅持でダイナミックに変貌しつつある中国が、李登輝的な台湾アイデンティティをも包み込み、多様な政治的アイデンティティをも許容しうる、重層的な新しい中国の理念を構想できるかどうかが、問題なのだといえよう。

やや先走ってしまった。話を元にもどそう。

「中華民国総統」の裃に拘束され、「中華民国」の看板の上に「台湾」という判子を押しただけのものであっても、九二、九三年頃からの李登輝の言説が、旧体制の正統イデオロギーの転換を含意するものとなっていたことは明らかである。司馬との対談は、その集大成であり、政治家としては稀にみる率直さで、また実に李登輝らしい率直さで、「中華民国」に「台湾」印が刻み込まれたのであった。

このような転換は、旧体制の中で相対的に有利な利益を享受し、古い「中華民国」イデオロギーが提供するアイデンティティ解釈を受け入れてきた人々にとっては、一種の「相対的価値剝奪」として映ったことは疑いない。このように感じる人は、古い「中華民国」との歴史的・文化的距離が、本省人よりずっと近かった外省人に多いことも、疑いないところであろう。前に触れたように、政治自由化の進展とともに、八〇年代末より、いわゆる「外省人第二世代の危機意識」が話題に上っていたのは、この前兆であった。民主化＝台湾化の進展とともに、やや後ろ向きながら、「台湾人要出頭天」ならぬ、「外省人也《も》要出頭天」の感情がしだいに発酵する。

かつて「党外」民進党が本省人の「台湾人要出頭天」の感情を掘り起こし、強大な体制への挑戦の後ろ盾としたように、台湾化する国民党の中で発言の空間を封じられつつあった「新党」のメンバーにとって、この発酵しつつあった政治的感情を、国民党の外での政治空間の確保のために動員していくことは、長期的には別としても、とりあえずは、政治的に合理的な選択であった。

前述のように、九三年八月、立法委員七名で出発した「新党」は、同年一一月に行われた台湾省の県・市長選挙にも、軍関係機関や施設の多い桃園県をはじめいくつかの県に候補を立てたが、成績はゼロであった。だが、選挙に先立ち国民党の前中常委の非主流派の大物の一人許歴農が、国民党を脱党して「新党」に加入した。許歴農は、行政院の退役軍人兵士就業輔導会の主任を長く務め、軍人家族が集住するコミュニティである「眷村」(台湾全土の都市に広く分布)では、「許老爹」(許おじいさん)と呼ばれ、信望があった。「新党」の議員は、国民党員の時代から軍系統の票を割り当てられて当選してきた人物が多いが、許歴農の加入で、国民党を出ても、以前からの「眷村」の票田を守れる見込みが立ったと言える。国民党からいえば、その分の票田が流出したのである。

結成後直ちに取り組んだ県・市長選挙では、結果が出せなかったが、「腐敗・金権の国民党、暴力・省籍煽動の民進党」に代わる第三の選択、という「新党」のアピールは効果があった。台湾化した国民党内では政治的前途が期待できず、また「台湾独立」を綱領に入れている民進党にはイデオロギー的にも同調できず、「新党」に自分の政治的前途を見いだそうと試みる若手のインテリが続々と集まり始めた。

「新党」は、これらの若手インテリを率いて、国会全面改選に続いて民主改革の成果として実現した、九四年の第一級行政区(台湾省、台北市、高雄市)の首長選挙、およびその議会選挙に臨んだ。「新党」の周辺には、「新党」支持の「地下放送局」(この頃から流行しはじめた小規模の無認可のラジオ局)の呼びかけなどを通じて、その活動を手弁当で手伝い、参与したいという多数の「義工」(ボランティア)の団体が、ネットワーク化されてきており、全国的焦点となった台北市の選挙では、おおかたの予想を超える動員能力を示した。

すなわち、民進党が最も人気の高い立法委員の陳水扁を市長候補に立てると、「新党」は、「新国民党連線」時期からの同党の中心人物で、メディアの人気も高い趙少康を候補に立て、国民党は現職の黄大洲を立候補させた。趙少康は、「中華民国を守れ」のスローガンを掲げ、地方公職選挙ではあるが最もメディアの関心を集めやすい「台独対反台独」で、世論調査で一貫して一位を保っていた陳水扁にいどんだが、陳水扁陣営が「楽しき希望の都市」というソフトなスローガンでこれをかわすと、今度は、

「李登輝は一九九六年に台湾独立を実行する秘密の時間表をもっている」といった挑発的な反李登輝キャンペーンを展開していった。

この時の「新党」の選挙キャンペーンの特徴は、この激しい対李登輝ネガティブ・キャンペーンと、都市中産階級を自称する支持者の大量街頭動員であった。台湾の社会学者王甫昌の調査によると、一〇月二五日の趙少康の選挙事務所開設の日から一二月二日(投票前日)まで、三〇〇〇名を超える大型の大衆街頭行動・集会が、一〇回も開かれた(王甫昌「台湾族群政治的形成及其表現」)。筆者も当時その一部を目撃したが、デモ・集会の指揮・運営はいかにも手慣れた様子で、整然としたものであったが、「李登輝はやめろ」、「李登輝は日本人だ」(日本人＝中国の侵略者＝悪者との連想連鎖が働いている)などのスローガンが叫ばれ、李登輝に対する激しい敵意が表出されていたのが、極めて印象的であった。

こうした街頭行動の参加者や「新党」候補に投票した人は、すべてが外省人ではなく、若い世代の本省人も相当数加わっていたと言われる。これは、選挙後に行われた各種のアンケート調査で、「新党」候補に投票した人の五割から六割が本省人であった(したがって「新党」に投票した外省人は、四割から五割、これは台湾総人口中の外省人の割合の三—四倍)ことからもうかがえる。

しかし、「台湾人要出頭天」現象の象徴的人物である李登輝に対するむき出しの敵意を表す街頭大衆行動が頻繁に続いたことは、本省人に衝撃を与えた。このため、国民党支持者でも、当選しそうもない黄大洲候補(本省人)に投票するよりは、台湾人総統李登輝に敵意を持つ外省人候補の当選を阻止するため、野党だが同じ本省人の陳水扁に投票するという、いわゆる「棄黄保陳」現象が起こったのだとされ

台北市長選挙活動中の民進党陳水扁候補

る。選挙の結果は、陳水扁が四三・七%、趙少康が三〇・七%、黄大洲が二五・八%の得票で、民進党の陳水扁が当選した。いったいどの程度の「棄黄保陳」現象が起こり、どれだけ選挙結果に影響したのかはわからないが、このような一種のエスニック・ボーティング(候補者の政党・党派などの属性よりエスニックな属性を重視して投票すること)の現象が生じたことは確かである。

「新党」は、台北市長選挙で敗れ、台湾省議会選挙、高雄市議会選挙でも、それぞれ二名しか当選させられなかったが、台北市議会選挙では、ほとんど無名の候補が一一名一挙に当選を果たした。これにより、台北市議会で国民党は過半数を割り、どの党も過半数に満たない「三党不過半」の状態が出現した。

「新党」はこの勢いをかって、後述する九五年末の立法委員選挙では、七名から二一名(全一六四議席)に一気に議席をのばした。議席占有率一二・八%という数字は、ちょうど外省人人口の対総人口比に近い数字である。

民主化が台湾化を伴う台湾の政治体制の転換は、その最終段階近くになって「新党現象」がおこり、ナショナリズムの分岐とエスニシティがからむ三党体制を生んだのである。

3 「中華民国在台湾《The Republic of China on Taiwan》」のセールスマン

前に触れたように、「中華民国在台湾」のイデオローグの姿を前面に出した李登輝は、同時に「中華民国在台湾」の精力的なセールスマンたらんと努めた。部下を督励するのみでなく、自身が外遊の労を厭わず、若いときの剣道、中年からのゴルフで鍛えた旺盛な体力と気力とを誇示したのである。

一九九三年以後、再び「現実外交」が活発になるについては、民主化＝台湾化が進み、「台湾人要出頭天」の感情の延長で、「われわれは国際社会で、経済発展と民主化の成績に相応した待遇を受けるべきだ」「われわれは国際社会に入っていかなければならない」という意識が社会に強まっており、これに応えるべく行動をとって、早くも九六年総統選挙へと傾斜を強める政局の中で、威信を保持し続けたいという、内向きの理由も無視できないものがあった。それゆえ、この側面をついて、「李登輝外交は民意に迎合するポピュリズム外交であり、北京を過度に刺激して危険だ」との批判も、一部学者からあがったりもしたのである。

だが、もっと大きな理由は、中国との関係の変化についての考慮であったと思われる。台湾と中国大陸との貿易・投資関係は、八九年の中国天安門事件の影響はあまり受けず、鄧小平が、「改革・開放」堅持へ最後の大号令をかけた、九二年のいわゆる「南巡講話」以後、貿易も投資もいっそうの拡大を見せた。台湾企業の大陸投資は、以後広域化し、大規模化しはじめ、投資の増大とともに貿易もまた拡大した。中国との貿易総額は、九三年に初めて一〇〇億ドルの大台を超え、台湾の輸出総額に占める対中輸出額の割合(輸出依存度)も、この年初めて政府が警戒ラインとする一〇%を上回る一一・一%となった。また、総輸出額に対する対中輸出の割合が、対アセアン諸国輸出の割合を上回ったのも、この年であった。対外投資を見ると、対アセアン投資は、九〇年、九一年がピークであり、それ以後は、対中投資額が対アセアン投資額を上回っている(井尻秀憲編著『中台危機の構造』)。

李登輝政権は、一九九〇年に、台湾最大の企業グループである台湾プラスチック・グループの、総額七〇億ドルにのぼる福建省廈門での石化コンビナート・プロジェクト投資計画を断念させたことがあった。その後に深まるこのような対中経済依存の深化は、それが経済的にはアジア太平洋地域経済のダイナミックスの波及として避けられないものだったとしても、「台湾優先」を掲げる李登輝政権にとっては、何らかの対応を迫られるゆゆしき問題であった。

中国の経済はダイナミックな発展を続けており、これに伴い軍事力、国際的影響力ともに着実に増大している。何もせず、民間のいわゆる「西進」に任せておけば、中国に呑み込まれるのは、時間の問題である。いわんや、中国自身、「経済で政治を促す」、「民間で政府を動かす」との政略を隠していない。であるとすれば、「台湾優先」の方針で中台の現状維持をはかるにしても、何もしないでは現状維持にはならない。台湾自身が、自分自身の存在の「国際化」に不断に動くことによって、ようやく現状維持も可能となる。これが、李登輝政権の基本的考え方であると思われる。

経済政策では、これは「アジア太平洋オペレーション・センター計画」として提示された(九五年一月閣議承認)。この計画は、製造・海運・航空・金融・通信・メディアの六部門において、台湾が二一世紀のアジア太平洋地域のヒト・モノ・カネの一大交流拠点に生まれ変わることを目指すものである。結合の度合いを強めるアジア太平洋地域経済の中で、新たな、不可欠のポジションを勝ち取ることで、独自の存在を確保し続けようという狙いがある。

外交政策としては、「現実外交」のいっそう積極的な推進がはかられた。前述のように、九三年三月、政府は「国連参加」の活動を開始することを宣言、九月の国連総会を目指して、朝野一丸の働きかけが行われた。国連内では、台湾の中華民国と外交関係を持つ中米の国が、「中華民国」の参加問題を議題とするべく動いたが、予想通り、中国の反対で、議題審査委員会で否決された。その後、「国連参加」運動は、秋の年中行事のごとく繰り返されているが、そのつど中国に封殺されている。

また、九三年秋、行政院経済部は、台湾企業の投資を再度アセアンに誘導する、いわゆる「南向政策」を立案した。李登輝は、これに合わせて、九四年旧正月の休暇の時期を利用して、フィリピン、インドネシア、タイを訪問した。夫妻で「休暇を過ごす」と称して、フィリピンでは、米軍基地跡地の工業団地開発に協力することになっているスービック湾でラモス大統領と会見、インドネシアでは、ハビビ科学技術相とゴルフに興じ、バリ島でスハルト大統領と会見した。タイでは、予定されていた首相との会見は、中国の圧力で流れたが、国王との会見が実現した。帰国後の記者会見で、李登輝は「われわれは自分から出ていって、国際社会に『中華民国在台湾』が存在することを知ってもらわなければならない」と述べた。

さらに、同年五月、李登輝夫妻は、中米のニカラグアとコスタリカ、アフリカの南アフリカとスワジランド、と二つの大陸にまたがる訪問の旅に出た。南アフリカは、マンデラ大統領の就任式典に参列するためであった。この外遊にあたり、中米に赴く途次、李登輝の搭乗機は、ハワイで給油したが、アメリカ政府はこの時中国の圧力もあって、搭乗機を軍用空港に着陸させ、しかも李登輝が機外に出ることを認めなかった。この時の、ある意味で行き過ぎた冷遇が、逆に翌年の李登輝訪米のきっかけともなったから皮肉なものである。

ワシントン、特にキャピタル・ヒル(国会)は、台湾の民主化に、したがってそのリーダーである李登輝に、最も好感を示している首都であり、また議会関係者やオピニオン・リーダーへの台湾の朝野のロビー活動が最も成功している首都でもあった。五月の非礼に反発して、米議会上院は、八月五日台湾高官にアメリカ訪問のビザを認める決議案を満場一致で可決、一二日超党派の下院議員三七名が、李登輝のワシントン訪問を招請する声明を発表した。

こうした議会の圧力の中、クリントン政権は九月、前年から見直し作業の進行が伝えられていた「新台湾政策」を発表した。これは、「一つの中国」の立場の堅持、台湾のGATT加盟は支持・国連参加は不支持など、従来の枠を出るものではなかったが、経済・技術関連官庁の米政府高官の台湾非公式訪問を解禁し、台湾首脳のアメリカ訪問は認めないものの、第三国へ向かう場合の通過ビザは発行する、などが明らかにされた。そして、この新方針に基づき、年末には、ペニャ運輸長官が台湾を訪問した。

年が明けて九五年になると、キャピタル・ヒルの李登輝訪米招請ムードは、エスカレートした。三月二二日、上院外交委員会は、李登輝訪米許可をクリントン大統領に求める決議案を可決し、まもなく下院外交委員会も同様の決議案を採択した。このような情勢下で、李登輝が博士号をとったコーネル大学のローズ学長が、台湾を訪問し、李登輝に対して、六月に訪米して母校を訪れ、「傑出した卒業生」として、記念講演を行うよう要請した。

五月二日、下院は、外交委員会からあがってきた李登輝訪米許可を求める決議案を、賛成三九六、反対〇、棄権四三、欠席一の圧倒的多数で採択、上院も五月九日、同様の決議案を、賛成九七、反対一、棄権二で可決した。採択された決議に法的拘束力は無かったが、前年の中間選挙で議会が共和党優位に変わっている状況で、上下両院とも圧倒的多数で採択されたことは、民主党のクリントン大統領にとっては大きな政治的圧力になったものと思われる。

そして、五月二二日、国務省は突如、李登輝総統が私人としてコーネル大学を訪問することを認める、と発表した。しぶる国務省をホワイトハウスが押し切ったものと思われる。国務省は、李登輝の訪米中、アメリカ政府閣僚との会見は行われず、また、この決定は、アメリカ政府の対中国政策と台湾との関係を何ら変更するものではない、と強調した。ただ、李登輝に認められたのは、通過ビザではなくて、標準訪問者ビザという査証であった(井尻、前掲書)。

前述のように、中台関係においては、この頃、九五年一月末の「江八点」と四月の「李六条」の提出のように、首脳同士の政治対話が始まったところであった。訪米か、江沢民との政治対話のムードの維持か、難しい選択であったが、李登輝は訪米を選択した。「国際社会に『中華民国在台湾』が存在することを知ってもらう」ほうを、この時点ではより重要と判断したのである。

六月七日の昼、李登輝夫妻は、呉伯雄総統府秘書長、胡志強行政院新聞局長（政府スポークスマン）らを引き連れ、アメリカへの「私的訪問」に旅立った。この日の午前の定例国民党中常委の席上で、李登輝は、「今回訪米できることになったのは、台湾二一〇〇万同胞の数十年来の努力の賜であり、訪米において重要なのは、李登輝個人でなく、中華民国の存在を李登輝が代表することだ。自分の訪米は、台湾海峡両岸関係の密接化と理解を促すだろう」と、訪米の抱負と見通しを語った。

コーネル大学の歓迎式での李登輝．1995年6月9日

李登輝のアメリカでの行程は、中国との関係を顧慮するアメリカ国務省の意をくんで、政界人士とは会わず、予定していたコーネル大学キャンパス内での記者会見も中止するなど、低姿勢であった。しかし、中米関係、中台関係への影響に着目する世界のマスメディアは、その一挙手一投足を注視した。テレビ中継された、六月九日午後（台湾時間一〇日朝）行われた記念講演は、李登輝が「中華民国在台湾」のセールスマンを演ずる絶好の機会となった。“Always in My Heart”（「民の欲するところ常に我が心に」）と題した英語の演説は、「日本人英語」風の固い発音で行われたが、二四回の

拍手で中断され、好評を博した。

"The Republic of China on Taiwan"の語を九回も用いたこの演説で、李登輝は、戦後台湾の経済発展へのアメリカの支援と、アメリカのデモクラシーが自分に与えた啓示(民主のみが社会の平和的変遷を促進しうる)に、感謝をこめて言及しつつ、台湾の経済発展と平和的民主化の達成を「台湾経験」として宣揚し、このような達成を持ち、国際社会への貢献の意志と能力とを有している「中華民国在台湾」を、国際社会は、もっと受け入れるべきだと主張した。李登輝曰く、

率直に言って、わが国民は、国際社会がわれわれに与えている待遇に満足していません。われわれは、国際関係は、国際法や国際機関に規定されるフォーマルな関係のみで評価されるべきでないと考えます。諸国民の国際的活動に際しては、半オフィシャルな、また非オフィシャルなルールというものもまた存在しているのだ、と考えるからです。また、それ故に、一つの国民の国際社会への貢献は、このような非オフィシャルな活動においても、評価さるべしと、思うのであります。

ローズ学長は、昨年の卒業式の祝辞で、「現実的たれ、而して不可能に挑戦せよ」という古い諺を引用なさったとうかがっています。過去の四〇年間、われわれは極めて現実的であるとともに、後ろ向きに不平を言うのでなく、前向きに働き続ける姿勢を堅持して参りました。これによって、われわれはわれわれ自身の存在を堅持し、経済発展を成し遂げたのです。われわれは、すべての国家がわれわれを公平に、合理的に遇し、われわれの存在の意義と、われわれが国際社会に提供できる価値と役割とを見逃さないように、心から希望するものであります。("Always in My Heart"総統

府発言人室新聞稿）

中国大陸に対しては、李登輝は、「民の欲するところ常に我が心に」との施政の姿勢を共有したいと、大陸の指導者に呼びかけ、「適当な国際的な場」で、江沢民を含む大陸のリーダーと会見したい、とする九四年秋以降の立場を繰り返し表明したのであった。

李登輝においては、「現実外交」の推進と、海基会と海協会の実務接触の積み重ねのような両岸関係の改善は、両立しうると考えられていたようだ。だが、訪米から帰国以後、事態はそうはならなかった。

4 「飛弾《missiles》」と「選票《ballots》」

台湾の政治制度の民主的改革は、一九九二年までに終わった「万年国会」の解消を第一段階とすれば、九四年の台湾省・台北市・高雄市長選挙の実現が第二段階、第三段階は総統選挙の実現であった。総統選挙の方式について、李登輝は「直接選挙」を主張したが、党内非主流派の抵抗にあって、九二年の憲法修正国民大会では実現できなかった（第七章参照）。しかし、前述のように、九三年非主流派を圧倒して党内指導権を握ると、障碍はなくなり、九四年七月召集された国民大会会議（第二期第四次臨時会議）で、次期第九代総統（任期は九六年五月二〇日から四年）からの正副総統直接選挙実施が決定された（正副総統候補がペアで立候補、相対多数獲得の組が当選）。これにより、九五年一二月に立法委員（任期三年）選挙（二回目の改選）、九六年三月に総統直接選挙、という政治日程が確定した。

これを受けて、かねてより李登輝への対抗心を隠さなかった林洋港は、司法院長を辞任、総統選挙出馬の意志を明確にした。また、李登輝の旧友で、海外亡命者帰国禁止の「ブラック・リスト」廃止により、九二年一一月帰国していた彭明敏元台湾大学教授は、九五年二月末、民進党に入党、翌月総統選挙出馬のため、民進党の公認獲得を目指す意志を表明した。五月、民進党は、同党の正副総統候補決定のための、アメリカばりの党内予備選挙のルールを決定、ただちに活発な党内選挙活動に入った。「新党」陣営では、前財政部長の王建煊が同党の候補として浮上したが、王の立候補については、「第三勢力」(反李登輝・非民進党)の一本化のため、含みが残されていた。李登輝は明言を避け続けていたが、立候補は確実と見られ、李登輝訪米より前に、台湾の政局は、年末の立法委員選挙を前哨戦とする「総統選政局」に突入していたのである。

李登輝の訪米発表に対し、中国は当然反発したが、その反応は、当初は比較的穏やかなものだった。五月二六日、中国の海協会の常務副会長(秘書長相当)の唐樹備が、九五年七月二〇日に北京で予定されていた第二回「辜・汪会談」(海基会・海協会トップ会談)の準備のため、アメリカ国務省の李登輝訪米許可発表後であったにもかかわらず、予定通り来台している。

しかし、中国の態度はその後に急変し、六月六日李登輝の米国出発の前日から、新華社は連日李登輝批判の記事を掲載し始め、さらに一五日、中国政府スポークスマンは、李登輝訪米が両岸関係に影響しないわけがないと発言、果たしてその翌日、国務院台湾事務弁公室は、北京での「辜・汪会談」の一方的中止を言明、海基会・海協会の事務レベル協議も中断した。

そればかりか、中国は、七月下旬と八月中旬、台湾海峡で大がかりな軍事演習を実施、台湾を威嚇した。前者は、七月二一日から二四日にかけて、台湾北方の公海上の水域にミサイルを打ち込む発射訓練であった。同水域に打ち込まれたのは、M族と呼ばれる地対地ミサイル六発で、台湾の軍事目標攻撃を想定したものと言われた。後者は、八月一一日から二三日にかけて、台湾北方の海域で行われた、海・空の合同演習であった。水上艦艇、海軍航空隊の戦闘機や爆撃機、空軍からは最新鋭のスホーイ二七戦闘機も加わったと言われる。

そして、これに歩調を合わせるかのように、中国の公式メディアでは、李登輝個人に対する激しい攻撃が展開された。すなわち、七月二三日から二六日にかけて、『人民日報』と新華社通信合同の評論員論文が掲載され(いわゆる「前四評」)、さらに、八月三日から七日にかけても「李登輝という人間」と題する個人攻撃の文章が連載された(いわゆる「後四評」)。これらの、李登輝批判の材料には、台湾内の李登輝批判の文章が利用されたらしく、台湾の反李登輝派の政論雑誌である『国是評論』と「四評」を読み比べた伊藤潔は、後者は前者の焼き直しの如くであったという(伊藤『李登輝伝』)。

これらの中国の軍事演習による威嚇とメディアによる攻撃は、台湾では「文攻武嚇」と呼ばれ、九六年三月末まで続いた。台湾の歴史的な総統直接選挙に至る「総統選政局」は、中国の居丈高な「文攻武嚇」の影のもとで、いわば台湾海峡を挟んだ「飛弾」(missiles)と「選票」(ballots)のコントラストの中で、展開することとなったのである。

さて、その「総統選政局」に話をもどす。

国民党は、八月二二日と二三日、第一四期第二次全国大会を開き、党公認の総統候補を決定する予備選挙の方式を、党代表による投票と決定した。この直後、李登輝は初めて出馬の意向を表明、一方、全党員による投票方式の予備選を主張していた林洋港は、党内予備選に立候補しない意志を表明した。これより先、国民党大会直前に、党中常委で監察院長の要職にあった陳履安(陳誠、元行政院長・副総統の長男)が、突如、総統選挙立候補の意志を表明し、監察院長を辞任するとともに、国民党も離党した。

三一日、国民党は予備選挙投票を行い、李登輝が九一%を得て国民党の候補に確定、翌日李登輝は、連戦を副総統候補に指名した。国民党の公認を求めなかった林洋港と離党した陳履安は、政党推薦によらない公民推挙の方式(二〇万以上の選挙民の署名による推挙)での立候補を追求することとなった。

民進党は、党内予備選挙の第一段階で、彭明敏と前党主席の許信良に候補が絞られ、七月一〇日から一〇月二四日まで全島四九カ所で一般公民による投票が行われ(両者の立ち会い演説会の会場で投票)、彭明敏が当選した。彭明敏は、台北市選出の立法委員謝長廷を副総統候補に指名した。

陳履安が出馬を表明すると、前述のように、反李登輝・非民進党勢力では、「第三勢力」候補の一本化問題が起こった。「新党」も一本化の期待を表明して、王建煊をプレイアップするキャンペーンをひかえ、林洋港も陳履安が自分の副総統候補となるよう期待したが、陳履安はあっさりと一本化を断り、女性の監察委員で本省人の王清峰をランニング・メイトに指名してしまった。他の台湾人有力者にも副総統候補出馬を断られた林洋港は、やむなく非主流派の重鎮郝柏村に出馬を要請、郝柏村が林洋港の副総統候補になることとなった。

一方、もう一つの重要な政治競争の場である立法委員選挙(定数は前回一九九二年時より人口増により四名増えて一六四名)は、一一月二二日に公示となったが、この頃、北京の中央電視台は、新たに編成されたものと見られる中国軍の「南京軍区」が、福建省南部沿岸の東山島付近で、三軍合同の上陸演習を実施したと伝えた。

立法委員選挙の投票は、一二月二日に行われ、前に触れたように、「新党」が躍進して二一議席を獲得、民進党は定数増分だけしか伸びず、五四議席(改選前五〇)であった。国民党は九議席減じて八五議席、「新党」が盛んに言っていた「三党不過半数」にはいたらなかったが、国民党は、過半数をわずか上回るのみの脆弱な与党となった。

立法選挙中、林洋港と郝柏村とは、公然と「新党」候補の応援に立った。このため国民党は、選挙終了後、両者の「党権停止」の処分(事実上の除名)を決定した。一方、「新党」は、公認候補から王建煊を下ろして、総統選挙では、林・郝コンビを応援することに決定した。

陳履安と林洋港の非政党推薦立候補のための公民推挙の署名活動は順調に進み、九六年一月、両者は正式に立候補資格を認定され、二月三日で、四組の正副総統候補が確定し、選挙戦は、旧正月明けの二月二四日からスタートした。

一人は国民党の中に入り込み、一人は公然と反旗を翻して長い亡命生活を余儀なくされた旧友同士(李登輝と彭明敏)、同じく蔣経国に抜擢された台湾人政治家のライバル同士(李登輝と林洋港)、蔣経国の「台湾化」政策に乗って頂点を極めた台湾人と蔣経国との権力競争に敗れたナンバー2の長男(李登輝と陳履安)、そして、当初「肝胆相照らし」ながら袂を分かった政敵同士(李登輝と郝柏村)。李登輝という骨太な個性を軸に、台湾戦後政治史の因縁の役者たちが、かくして舞台に揃ったのである。

「総統選政局」の最後の局面は、よりいっそうの「飛弾」(missiles)と「選票」(ballots)のコントラストに彩られた。中国が、総統選挙の最後の局面に合わせて、「海峡九六一」と称された、再度波状的な軍事演習を台湾海峡で行って台湾を威嚇し、これに対して、アメリカが、空母二隻を台湾海峡に派遣して抑止を試みるという、一触即発の危険、いわば「第三次台湾海峡危機」が現出する中で、選挙が行われたのである。

三月五日早朝、中国軍は新華社を通じて、八日から一五日までの八日間、台湾島北東基隆沖合と南西の高雄沖合の二カ所を目標海域とするミサイル発射訓練を実施する、と発表した。この日は、中国の第八期全国人民代表大会第四回会議の開幕日であり、この日を選んで訓練実施を発表したのは、台湾に対する威嚇の意図を明白に示したものであった。実際の訓練は、八日未明に三発、一三日未明に一発の計四発が、基隆沖合に一発、高雄沖合に三発と分けて、いずれも目的海域内に打ち込まれ終了した。発射されたのは、M9と呼ばれる地対地ミサイルで、弾頭内に弾薬が装填されていない空砲であった可能性が高いとされている。

この第一波の演習の二日目の九日、中国軍は新華社を通じて、一二日から二〇日まで、台湾海峡南端の福建省東山島と広東省南澳島の沖合の海域で、第二波の海空実弾演習を行うと発表した。一二日から一四日には、戦闘機、爆撃機、各種艦船が出動して、活発な訓練が行われたが、一五日以降は悪天候のため、小規模な演習しか行われなかった模様である。

さらに、この第二波の演習期間中の一五日夕刻、中国軍は同じく新華社を通じて、台湾総統選挙投票日を挟んだ一八日から二五日までの八日間、福建省海壇島を含む台湾海峡北部海域で、陸海空三軍の合同演習を実施すると発表した。実際には、第二波と重なった一八日から二〇日までは天候不順のため大きな動きは見られず、それ以後も目立った動きはなかった。

この「海峡九六一」演習は、第一波が、ミサイルによる台湾の空港施設やレーダー基地などへの先制攻撃、第二波が、空中戦による制空権の確保、艦艇による台湾本島の封鎖や台湾海峡の渡航作戦、第三波が、台湾島上陸作戦、と、明白に三段階の台湾侵攻作戦を想定したものであった。演習の軍事的側面についての、事後のアメリカでの一般的な評価は、「ミサイルは精度が高く、相当な水準。陸海空三軍による統合作戦の質はかなりずさん。水陸上陸作戦の出来は二流」というところだった（船橋洋一「中台危機 一年後の教訓」、『朝日新聞』九七年三月一六日）が、この時点では、ミサイル演習だけでも、台湾に強い脅威感を与えたばかりか、東アジアに強い緊張をもたらした。

台湾の政府は、九五年七月の中国のミサイル演習に際しては、株式や為替相場の不安定をまねいたことに鑑み、予想されていた再度の軍事威嚇に際しては、事前に「二〇〇〇億元安定資金」を設け、状況を見て適宜この資金を出動させた。このため、前年七月には、ミサイル演習発表直後、株式が前日比二二九・一ポイントも下がったのに対して、三月五日には、六二・五ポイントしか下がらなかった。また、生活物資の買いだめによる物価騰貴の現象も発生しなかった。演習の情報についても、国防部は国民に十分知らせる方針をとった。台湾の住民は、不安の中にも冷静を保ち、一般住民の生活に支障は生じず、各候補の総統選挙キャンペーンも、格別の異常なく進行した。

台湾住民の平静をもたらしたのは、このような前年の経験を生かした政府の対応もあるが、何といっても大きかったのは、アメリカが、台湾総統選挙の平和的遂行を目的として、その軍事的抑止力を有効に行使したからであった。

三月五日、第一波の演習が発表されるや、アメリカ政府は外交ルートで「重大な懸念」を中国政府に伝えたほか、ペリー国防長官も「中国がミサイル演習の目標地を台湾付近に設定したことは大きな誤りである」と強い言葉で非難した。議会に中国非難の合唱が起こったのは言うまでもない。翌六日、前月九日母港横須賀を発ってフィリピンのマニラに寄港していた、アメリカ第七艦隊の空母インディペンデンスは、マニラを出航した。八日、ペリー国防長官は、インディペンデンスが台湾近海に向かっていること、イージス巡洋艦バンカーヒルが、中国のミサイル演習をモニターできる海域に配備されたことを明らかにした。また、横須賀からは、さらに駆逐艦が増派され、インディペンデンス機動艦隊は七隻となったことも国防総省から明らかにされた。

さらに、九日、中国が第二波の演習を発表すると、ペルシャ湾展開中であった原子力空母ニミッツの台湾海峡回航が決定され、一一日に台湾側に通知された。ニミッツは原子力潜水艦ポーツマスなど、八隻の僚艦を従えていた。

この間も、米中の当局間のコミュニケーションは途絶えておらず、アメリカ国防総省報道官は、一四日、「公私にわたる中国との対話を通じて、中国が台湾にたいしていかなる軍事行動も取る意志がないとの保証を得ている」と発言した。さらに、第三波の演習に際しては、二一日、アメリカ政府から台湾側に、アメリカ側が二一日から演習終了の二五日までニミッツに台湾海峡を通過させない代わりに、中国側も二三日の総統選挙投票を支障無く実施できるよう保証するとともに、第三波の大規模上陸演習を自粛する、という取引が成立したとの通知を行った。それまで続いていた中国のメディアでの反空母キャンペーンは、二一日を最後にぴたっと止み、前述のように、二二日、中国側が三軍合同演習が無い旨の発表を行ったのであった(井尻編著、前掲書)。

中国の対台湾武力威嚇は、民主化台湾に対して、アメリカを筆頭とする国際社会が、一歩踏み込んだ認知を与える傾向が出てきたことに、強い警告を与えるところに主眼があったものと考えられるが(そしてこれは確かに効果があった)、台湾との関係においては、中国が「台湾独立」を目指していると判断するところの李登輝に打撃を与えることに狙いがあったことは、七月以来の中国公式メディアの台湾批判が、李登輝攻撃に絞られていたことからも明白である。

しかし、それは、明らかに逆効果であった。国民党中央政策研究工作会が細かく実施してきた世論調査によると、四人の総統候補者中、李登輝の支持率は、九六年一月まで三〇%台の後半の数字であったが、二月に入って上昇し始め、中国軍の威嚇演習発表後に四五%を超えるレベルにはねあがり、前述の米中取り引きの成立後の二一日に再度一月以前の水準に戻った。

危機は、抑止できるなら明らかに現職に有利であった。李登輝は三月六日、嘉義県での選挙演説で「恐れる必要は無い。中共(中国)には台湾攻撃の方法はなく、能力もない」など、強気の発言を繰り返した。李登輝の頑固な性格を、この時には頼もしく感じた選挙民も少なくなかったのではないか。台湾の政府高官筋を取材した浜本良一記者(読売)によれば、台湾の当局は、二月のインディペンデンスの横須賀出航の頃から、その台湾近海回航の予定をアメリカ側から知らされていたのであり(井尻編著、前掲書)、李登輝のやり方や強気発言を、林洋港らが批判したところで、勝負にならなかった。彭明敏陣営にしても、民進党支持者のなかにもともとある「李登輝情結」が、ますます発酵するのをどうすることもできなかったのである。

かくして、台湾史上初の総統直接選挙は、李登輝有利に推移したまま、二三日の投票日を迎えた。開票の結果は、李登輝の得票率五四・〇%、彭明敏二一・一%、林洋港一四・九%、陳履安一〇・〇%、投票率七六・〇%であった。

この結果について、中国のメディアには、「反台独」の立場の明確な林洋港と陳履安の得票が、「台独」をはっきり掲げる彭明敏の得票を上回ったことをもって、中国の強い行動により、「台独」勢力が抑えられたとして、軍事威嚇を正当化する論調がでたが、中国が口を極めて非難した李登輝の得票が、おおかたの予想をも上回り、かつ彭明敏との得票の合計（中国いうところの「隠れ台独」と「おおっぴらな台独」の合計）が、七五％にも達したことは、中国の「飛弾」への、台湾の民意の明白な「ノー」を示している。「選票」は、確かに弾丸の代わりにはならない。まして、ミサイルの代わりにはならない。アメリカの軍事抑止力の行使なしに、選挙が平穏に行われたかどうかは、不明である。しかし、「選票」は、「飛弾」によって民主選挙を威嚇することの不当性を訴えることはできたのである。

二三日午後八時すぎ、台北市内の選挙本部で勝利宣言を行った李登輝は、「台湾、澎湖、金門、馬祖（「中華民国」の実効支配地区）で、民主の大きな扉が完全に開かれた」と胸を張った。朝、夫人とともに投票所に姿を見せた時は、連日のキャンペーンで日焼けした顔に珍しく疲労をにじませていた。この時は、昼間一眠りしたのか、その表情には、精気があふれていた。

あとがき——「終章」に代えて

この本の最初の構想では、第八章のあとに「終章」を置くつもりであった。しかし、第八章を書き進めながら、「台湾とはいったい何だろうか?」と、序章の筆を起こした時から、この本に書き記せるのは、総統選挙まで、と頭のどこかで思い定めていたことに、ふと気がついた。

一九八〇年代の後半から本格化した台湾政治の民主化の過程、あるいは民主化の政治の諸相を見つめながら、わたしは、台湾の歴史の個性に即して考えるならば、台湾政治の民主化とは、「中華民国」という、この台湾社会にとって外来性の高い国家が、民主化のもたらす変動を契機に、土着化していくことだと思うようになった。いわば、「中華民国の台湾化」である。それからは、このような方向感でもって自分の台湾政治に対する観察・分析を律してきた。この本も、これによって書かれている。

一九九六年春に実現することになった台湾の総統選挙が、「飛弾」と「選票」の鮮明な対比で、東アジア国際政治を揺さぶる出来事になるとまでは、予想もできなかったが、総統選挙の実現が、このような「中華民国の台湾化」のプロセスに、ピリオドを打つ(少なくとも一つの大きな段階の)ものであることも、わたしにとっては、いつの頃からか、自明の事柄になっていた。

もはや、その総統選挙は終わり、台湾は新しい時代に入った。新しい時代には、新しい方向感をもって、観察・分析に立ち向かわなければならない。

総統選挙終了から、もう一年以上がすぎた。

李登輝は、九六年五月二〇日、正式に初代民選総統に就任した。中国との緊張はおさまっているが、関係の改善は見られない。海基会と海協会の実務接触も再開のめどが立っていない。李登輝の「憲政改革」は、総統民選の実現では終わらず、李登輝は、九六年一二月、かつての「国是会議」にならって、超党派の「国家発展会議」を召集、依然曖昧だった総統・行政院長・立法院の関係の明朗化、そして台湾省の実質的廃止のコンセンサスを固めた。

台湾の総統選挙と台湾海峡の三月危機の翌月、訪日したクリントン米大統領は、橋本龍太郎日本首相とともに、日米安保体制の「再定義」を謳いあげた。この「再定義」に、台湾海峡問題が強く意識されていることは、疑いのないところであり、中国は深く反発している。

年が明けて、「改革・開放」の総帥・鄧小平が死去した。鄧小平は、「一国家二制度」方式による「祖国の平和統一」政策の制定者でもあった。その方式により、九七年七月、ついに香港が、中国の主権のもとに返還される。

台湾政治にも、また、台湾をめぐる政治にも、新しい文法が当てはめられなければなるまい。やはり、ここで筆をおくのがのぞましい。

本書も、多数の先人の業績や教示に助けられている。本文中に引用・援用した諸作の筆者たちに、まず感謝する。また、康寧祥氏、陳少廷氏、彭明敏氏、H氏には、本書のテーマに関し、直接にご教示をいただいた。康寧祥氏のお話は、直接に本書では引用していないが、本書の大局観の中に生かされている。四氏に、記して謝意を表する。

言うまでもなく、この本にも、多くの誤りや不十分な記述が見いだされるであろう。批判があれば、謙虚に受けとめ、台湾観察の新しい文法の形成のために生かしていきたい。

最後に、台湾政治の民主化の最後の局面を前に、なかなか筆のとれない筆者を辛抱強く待っていただいた、岩波書店の馬場公彦さんと坂巻克巳さんに、お詫びと御礼を申し上げたい。

著　者

一九九七年四月　相模原市にて

参考文献

井尻秀憲編著『中台危機の構造　台湾海峡クライシスの意味するもの』勁草書房、一九九七年
伊藤潔『李登輝伝』文芸春秋、一九九六年
汪士淳『千山獨行　蔣緯国的人生之旅』台北、天下文化出版、一九九六年
王甫昌「台湾族群政治的形成及其表現：一九九四年台北市選挙結果之分析」跨世紀台湾民主発展問題学術研討会発表論文、台北、一九九六年
郝柏村『郝総長日記中的経国先生晩年』台北、天下文化出版、一九九五年
上村幸治『台湾　アジアの夢の物語』新潮社、一九九四年
柯旗化『台湾監獄島』イースト・プレス、一九九二年
何洛編著『李登輝全記録一九二三―一九九六』基隆、生活智庫、一九九六年
克莱恩(Ray S. Cline)『我所知道的蔣経国』台北、聯経出版、一九九〇年
呉濁流『台湾連翹』台北、前衛出版社、一九八九年
呉密察『唐山過海的故事　台湾通史』台北、時報文化出版、一九八二年
黄昭堂『台湾総督府』教育社、一九八三年
江南『蔣経国伝』Los Angeles, 美国論壇報、一九八四年（川上奈穂訳『蔣経国伝』同成社、一九八九年）
高明輝『情治檔案　一個老調査員的自述』台北、商業周刊、一九九五年
近藤正巳『総力戦と台湾』刀水書房、一九九五年
司馬遼太郎『台湾紀行』朝日新聞社、一九九四年
ジャック・ベルデン『中国は世界を揺るがす　下』青木書店、一九六五年
周玉蔻『李登輝的一千天』台北、麦田出版、一九九三年（本田伸一訳『李登輝の一千日』連合出版、一九九四年）

蔣経国「我在蘇俄的日子」(克莱恩『我所知道的蔣経国』所収)
孫家麒『蔣経国窃国内幕』香港、自力出版社、一九六一年
孫宅巍『陳誠晩年』合肥、安徽人民出版社、一九九六年
台湾通信編集部「李登輝総統　その台湾と日本」『台湾通信』一九九五年九月一四日
張慧英『超級外交官　李登輝和他的務実外交』台北、時報文化出版、一九九六年
陳維明「台湾的悲歌只有二二八嗎?」『首都早報』(台北)一九九〇年三月一日
陳潔如(汪凌石訳)『陳潔如回憶録』台北、新新聞周刊、一九九二年
姫田光義他『中国20世紀史』東京大学出版会、一九九三年
深田祐介による李登輝インタヴュー、『文藝春秋』一九九〇年五月
船橋洋一「中台危機　一年後の教訓」『朝日新聞』一九九七年三月一六日
彭明敏『自由的滋味』台北、李敖出版社、一九八九年
松田康博「中国国民党の『改造』──領袖・党・政府」『法学政治学論究』(慶應義塾大学大学院法学研究科)、第二一号、一九九四年夏季号
松田康博「台湾における土地改革政策の形成過程──テクノクラートの役割を中心に──」『法学政治学論究』(慶應義塾大学大学院法学研究科)、第二五号、一九九五年夏季号
宮崎市定『中国史　下』岩波書店、一九七八年
リース著・吉田藤吉訳『台湾島史』一八九八年
李登輝『愛と信仰』早稲田出版、一九八九年
李勇・張仲田編『蔣介石年譜』北京、中共党史出版社、一九九五年
劉進慶「ニックス的発展と新たな経済階層」、若林正丈編著『台湾　転換期の政治と経済』田畑書店、一九八七年
梁粛戎『大是大非　梁粛戎回憶録』台北、天下文化公司、一九九五年
若林正丈『台湾　分裂国家と民主化』東京大学出版会、一九九二年
若林正丈『東洋民主主義　台湾政治の考現学』田畑書店、一九九四年

若林正丈「現代台湾における政治体制の変動とエスノナショナリズム――『新党現象』試論――」未公刊論文、一九九六年
若林正丈・田中恭子・谷垣真理子『原典中国現代史　第七巻　台湾・香港・華僑華人』岩波書店、一九九五年
Far Eastern Economic Review, Apr. 30, 1987
Huebner, Jon W., "The Abortive Liberation of Taiwan," The China Quarterly, NO. 110, Jun. 1987

中国，台湾海峡でミサイル演習と軍事演習，米軍空母インディペンデンスとニミッツ，台湾海峡回航(3 月)
李登輝，第九代総統に就任(5. 20)

米中上海コミュニケ(2.27)，日本と断交(9.29)，国会部分定期改選開始(12月)
1973 蔣経国，救国団主任を辞任．十大建設の計画を発表
米・肥料バーター制度廃止(1948.9-)
1975 蔣介石死去(4.5)，蔣経国，国民党主席に就任
1976 毛沢東死去(9.9)，「四人組」逮捕(10.6)
1978 蔣経国，総統就任．内閣改造
李登輝，台北市長に任命．台湾大学教授，農復会顧問を辞す
中共中央11期3中全会，「改革と開放」方針を決定
1979 李登輝，国民党中央常務委員に選出
米国と断交(1.1)，中国，「平和統一」「三通」の呼びかけ
米議会，台湾関係法を可決(4月)
民主化勢力への弾圧事件(美麗島事件，12.10)
1981 李登輝，台湾省政府主席に任命
1982 李登輝，長男李憲文(1951生まれ)，癌で死去
1984 蔣経国，総統に再選．李登輝，副総統に選出
江南事件
1985 蔣経国，蔣家のものが総統職を継ぐことはないと言明
1986 蔣経国，中央委員会総会で「政治革新」を指示
野党民進党結成(9.28)
1987 長期戒厳令解除(7.15)．中国大陸里帰り解禁(11.3)
1988 蔣経国死去，李登輝，即日総統就任(1.13)，国民党代理主席選出(1.27)，さらに国民党第13回全国大会で正式に党主席に選出(7月)
1990 国民大会，李登輝を第八代総統に選出，学生，台北市蔣介石記念堂広場で民主化要求の座り込みとハンスト(3月)
李登輝，第八代総統に就任(5.20)
政治改革につき超党派の「国是会議」開催(6月)
1991 「反乱鎮定動員時期」解除(5月)，「万年議員」(中国大陸で選出した非改選議員)総退職(12.31)，国民大会代表，初めての全面改選実施
1992 行政院「二・二八事件報告書」発表．「中華民国憲法」修正
立法院，初めての全面改選(12月)
1993 李登輝，連戦を行政院長に任命，初めての台湾人首相誕生
国民党から分かれて「新党」結成
1994 李登輝，フィリピン，インドネシア，タイを「非公式訪問」(2月)
国民大会臨時会議，総統の直接選挙を盛り込んだ修正条項を可決
1995 李登輝，総統として二・二八事件につき謝罪(2月)，米国を「私的訪問」(6月)
中国，台湾海峡でミサイル演習
1996 初めての総統直接選挙，李登輝が当選(3.23)

1949	李登輝，台湾大学卒業．同郷の曾文恵と結婚
	蔣経国，「下野」した蔣介石に随従，国民党台湾省党部主任委員，中央銀行黄金の台湾への搬出
	農地改革開始(-1953)，台湾に戒厳令(-1987. 7. 15)，日台貿易支払協定(6月)，通貨改革実施(新台湾円発行)，中華人民共和国樹立(10. 1)，国府台湾移転(12. 8)
1950	朝鮮戦争勃発(6. 25)，米第七艦隊，台湾海峡パトロール開始
	日台貿易協定(9月)
	蔣経国，国民党中央改造委員会委員，国防部総政治部主任
1951	米国，対国府援助を再開(-1965)
1952	日華平和条約，サンフランシスコ平和条約
	李登輝，公費留学試験に合格，米アイオワ大学で研修
	国民党第7回全国大会，党の「改造」終了
	蔣経国，国民党第7期中央常務委員，反共救国青年団主任
1953	李登輝，帰国，台湾大学で教鞭(-1978)，台湾省合作金庫研究員を兼任
	蔣経国，訪米，軍事施設視察
1954	李登輝，台湾省政府農林庁農業経済分析係長兼任
	蔣経国，国防会議副秘書長
1956	蔣経国，行政院退役軍人兵士就業輔導会主任
1957	李登輝，中国農村復興連合委員会入り
	劉自然事件(五・二四事件)
1958	蔣経国，行政院政務委員
1960	『自由中国』事件
1961	李登輝，キリスト教長老教会入信
1963	蔣経国，第2回訪米
1964	蔣経国，国防部副部長
	彭明敏，「台湾人民自救宣言」事件で逮捕
1965	李登輝，奨学金を得て米コーネル大学大学院博士課程入学
	蔣経国，国防部長，第3次訪米
	陳誠，死去(3. 5)
1967	蔣経国，日本，タイを訪問
1968	李登輝，論文「台湾における農業・工業間資本移動」コーネル大学博士号獲得，帰国．引き続き台湾大学で教鞭，農復会顧問兼任
1969	蔣経国，第4回訪米．行政院副院長兼経済合作発展委員会主任
1970	蔣経国，第5回訪米，台独派の襲撃を受ける．帰途訪日
1971	南北高速道路着工(8. 14)，「中華民国」国連脱退(10. 25)
	李登輝，国民党入党
1972	蔣経国，行政院長(首相)就任，組閣で台湾人を大幅登用
	李登輝，行政院政務委員(無任所大臣農業問題担当)に任命

1929	李登輝，汐止公学校入学(後に淡水公学校に転校，1935 年同校卒業)
1930	台湾先住民族タイヤル族の反日蜂起(霧社事件)
	蔣経国，赤軍軍政学院卒．再度帰国申請するも許可されず
1931	蔣経国，モスクワ郊外の電機工場，郊外の農村に行かされる
1932	蔣経国，アルタイ山脈の金鉱に
1933	蔣経国，スヴェルドロスクのウラル重機械工場に
1935	蔣経国，女工ファニーナ(後，中国名蔣方良)と結婚，長男誕生
1936	台湾総督に武官総督復活(海軍大将小林躋造)
	西安事件(周恩来が蔣介石に蔣経国の帰国を約束)
	李登輝，淡江中学入学
1937	蔣経国，帰国(4 月)，父の作った読書リストで中国古典の勉強
	盧溝橋事件，日中全面戦争に
	台湾総督府，新聞の漢文欄廃止命令
1938	蔣経国，江西省政府保安処副処長，三青団中団部幹事
1939	蔣経国，江西省第四区行政督察専員兼保安司令，贛県県長．日本軍機の爆撃で生母死亡
1940	蔣経国，三青団江西省支部幹部訓練班主任
	台湾人の改姓名運動開始
	李登輝，台北高等学校入学
1941	台湾で「皇民奉公会」発足．太平洋戦争勃発
1942	台湾に陸軍特別志願兵制度実施(1943 海軍も)
	章若亜(蔣経国愛人)，双子の男子(章孝厳，章孝慈)を出産し,まもなく死去
	李登輝，京都帝国大学農学部農業経済学科入学(学徒出陣で台湾に戻って入隊，ついで日本内地で予備士官教育，少尉で終戦)
1943	カイロ宣言(11. 27　台湾・澎湖島の中華民国返還をうたう)
1944	台湾人に対し徴兵制実施
	蔣経国，全国知識青年従軍召集委員会委員，青年軍教育総監部政治工作委員会訓練部主任(中将)，三青団中央幹部学校教育長
1945	日本降伏．台湾の行政権は中華民国に．台湾省行政長官公署執務開始(10. 25)
	在台日本人の引き上げ開始(12. 25-1946. 4. 20)．在日台湾人の台湾帰国開始
	蔣経国，東北外交特派員
1946	李登輝，帰国(日本政府は米軍からリバティ船を借りて台湾学生を輸送)．国立台湾大学(元台北帝大)の農業経済学科転入
	台湾省行政長官公署，日本資産接収を終了
	蔣経国，モスクワでスターリンと会談
1947	二・二八事件
1948	蔣経国，「上海虎狩り」

関連年表

年	
1684	清朝，鄭氏政権を倒し，台湾を領有(福建省台湾府)
1860	安平・淡水開港
1865	イギリス長老派教会，南部に布教開始
1872	カナダ長老派教会，北部に布教開始
1874	日本，台湾南部に出兵
1885	福建省より独立して台湾省に昇格
1895	日清戦争，台湾島・澎湖諸島を日本に割譲 台湾総督府始政式(6. 17)
1905	台湾総督府の土地調査事業終了，総督府財政独立
1910	台湾総督府，「蕃地討伐五カ年事業」(-1914) 蔣経国，浙江省奉化県渓口鎮に生まれる
1911	辛亥革命勃発
1912	中華民国誕生
1916	蔣経国，渓口鎮の武嶺学校に入学
1919	初の文官台湾総督田健治郎就任
1920	台湾人日本留学生，東京で月刊誌『台湾青年』を発刊(後，日刊紙『台湾新民報』に発展)
1921	蔣経国，奉化県龍津小学校に入学，さらに上海の万竹小学校四年に転校 台北で台湾文化協会設立，台湾議会設置請願運動開始(-1934)
1923	李登輝，台北県三芝郷源興居(現在の地名)に，李金龍の次男として生まれる(1. 15)．他に兄登欽(太平洋戦争で戦死)，弟炳南 彭明敏，台中州大甲鎮に生まれる．彭清靠(医師)の三男 摂政宮台湾行啓(4. 16-4. 27)
1925	蔣経国，上海浦東中学入学，五・三〇事件の街頭行動に参加．まもなく北京の海外補修学校入学．10 月国民党入党後，11 月モスクワ孫中山大学入学
1926	蔣経国，トロツキー派グループに参加
1927	蔣介石，上海で反共クーデター(4. 12) 蔣経国，孫中山大学卒業．帰国許可されず，軍に入隊 台湾総督府，台湾民衆党結成を許可
1928	蔣経国，レニングラードの赤軍軍政学院入学 上海で台湾共産党結成

■岩波オンデマンドブックス■

現代アジアの肖像 5
蔣経国と李登輝
──「大陸国家」からの離陸？

1997 年 6 月20日　第 1 刷発行
1999 年 11月15日　第 2 刷発行
2018 年 12月11日　オンデマンド版発行

著　者　若林正丈《わかばやしまさひろ》

発行者　岡 本　厚

発行所　株式会社 岩波書店
〒101-8002 東京都千代田区一ツ橋 2-5-5
電話案内 03-5210-4000
http://www.iwanami.co.jp/

印刷／製本・法令印刷

ISBN 978-4-00-730831-4　　Printed in Japan